一九八九年，劉再復於出國前夕在北京勁松寓所裏。

JPC
H K

劉再復自傳之一

我的寫作史

劉再復

中国文学第一天才的旷世知音

——梁归智《周汝昌传》序

（一）

曹雪芹是中国文学的第一天才，即最伟大的天才，而他的著作《红楼梦》则是中国文学的第一经典。加以肯定曹雪芹的学术地位的是周汝昌先生。他在一九五三年出版的《红楼梦新证》，一开篇就加以判断：

> 曹雪芹是中国第一流现实主义的小说家之一，红楼梦是世界伟大文学作品行列的一部非凡作品。正如意大利人民一提到但丁，英国人民一提到莎士比亚，苏联人民一提到托尔斯泰而感到骄傲一样，我们中国人民也就以同样的骄傲感而念诵曹雪芹的名字。

但丁、莎士比亚、托尔斯泰都是他们的祖国所确认的第一天才也是可以引以

高行健概论

——当代世界精神价值創造中的一种天才异象

今天，二〇一〇年一月三日，是高行健七十寿辰的日子。我在遥远的落基山下向他表示热烈的祝贺，但不是用空话祝贺，而是用简洁的语言概说他的业绩与贡献。作为和他一样生在長江黄河土地上長起来的同龄人（我仅比他小一岁）我一直为他而骄傲，衷心敬佩他。从一九八一年观赏他的剧《车站》开始，近三十年来，我多次为阅读他的作品而彻夜不眠。他的作品是那么丰富，他对世界是那样透彻，可是，我阅读后常常要激动不已，而且多次受到振撼，为什么会产生这种阅读效果？我至今还没有完全想明白。但有一点我已想明白了，高行健是我们同一代人中出现的一个天才，一种精神价值創造的"异象"，一种超越时代的

NO.

钱锺书先生纪事

钱锺书先生去世已经十年。这十年里，我常常缅怀着，也常与朋友讲述他对我的关怀，可是一直没有着笔写下纪念他的文字，仅在一九九九年四月间写了一篇千字短文，题为《钱锺书先生的嘱托》。写作这篇短文也是不得已，[redacted]所以我在短文中首先说明了我沉默与唯以沉默的理由，这也是我今天[redacted]写作时需要说明的，因此，[redacted]姑且把短文的[redacted]抄录于下：

前半节

儘管我和錢鍾書先生有不少交往，但他去世之後，我還是盡可能避免說話。我知道錢先生的脾氣。在《圍城》中他就說過：「文人最喜歡有人死，可以有題目做哀悼的文章。棺材店和殯儀館只做新死人的生意，文人會向一年，幾年，幾十年，甚至幾百年的陳死人身上生發。」錢先生的逝世，也難免落入讓人生發的悲劇。不過，人生本就是一幕無可逃遁的悲劇，死後再充當一回悲劇角色也沒關係。我今天並非做悼念文章，而是要完成錢鍾書先生生前讓我告訴學術文化界年輕朋友的一句話。

20×20=400

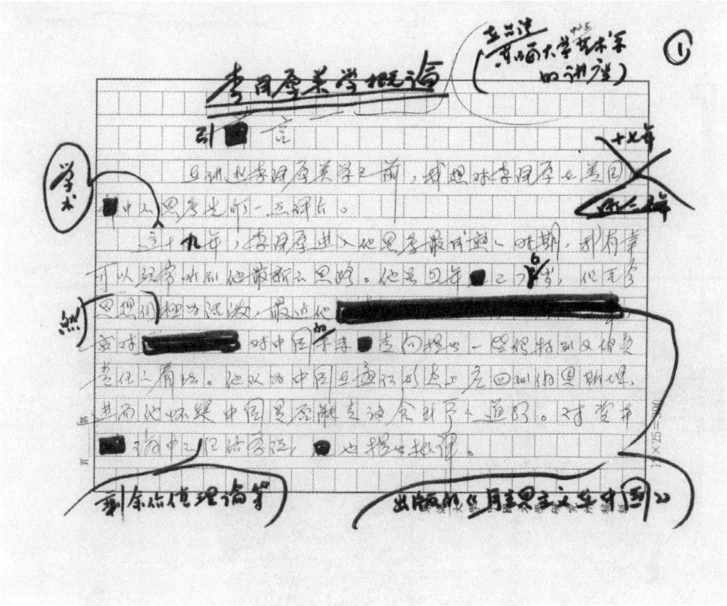

李泽厚美学概论

引[redacted]言

在讲述李泽厚美学之前，我想对李泽厚在美国[redacted]中的思想先作一点解析。

三十九年，李泽厚进入他思考最成熟的时期，我有幸可以经常听到他最新的思路。他是四年[redacted]之后，他在学思想仍相当活跃，最近他[redacted]又对[redacted]对中国的美学[redacted]走向提出一些相当特别又精辟的看法。他认为中国是通过巫史……进而他将中国思想解为……道路。对学界[redacted]论中的……[redacted]也提出批评。

学术

然

到宗法伦理论等

出版的《马克思主义[illegible]中国》

一九九三年，劉再復和李澤厚在俄國彼得堡對談《告別革命》。從一九九二年到一九九三年，劉再復在瑞典斯德哥爾摩大學擔任客座教授。

一九八五年，劉再復寫作《性格組合論》時，母親（葉錦芳）與長女（劉劍梅，當時在北京大學中文系讀書）攝於北京勁松家中。

二〇〇四年，劉再復在美國耶魯大學講課。

二〇〇五年，劉再復在香港城市大學講述《紅樓夢》與《雙典批判》。

二○○六年，劉再復在台灣東海大學擔任講座教授，演講《高行健概論》。

劉再復與妻子陳菲亞合照

劉再復（左）和林崗（右），攝於一九八八年北京書房裏，其時二人正在合著《傳統與中國人》。

二〇〇五年《罪與文學》出版後，劉再復（左）與林崗（右）在中山大學合照（站在前邊的是劉再復的夫人陳菲亞）。

目錄

自序

《我的寫作史》自序

攝於一九八七年北戴河海濱。時值全國進行「文學主體性」問題的討論，也是劉再復擔任中國社會科學院文學研究所所長的第三年。

柳鳴九先生主編《當代思想者自述叢書》，邀約我加入。答應之後，我才發現「自述」的條件並不成熟。因為通常「自述史」，總是迴避不了「生平史」，尤其是生平史中的關鍵性事件，例如我就迴避不了一九八九年政治風波那個舉世皆知的事件。在那個大事件中，我經歷過回國（從美國回到中國）、參與（儘管是被動參與）、逃離（經香港又逃亡到美國）、漂泊（到了四十多個國家）、反思、回歸。這段經歷，涉及到很具體的歷史場景、歷史人物和自身的許多感受，甚至涉及到今天我對那個事件的理性評價。

本書構思中，曾叩問過「自傳」是按主題分野形式分別寫出，還是按傳統的寫法編年自敘更好。想了想，覺得各有長處，試試吧，反正寫作就是試驗，不妨再試驗一次。於是，我就把「自述史」分解為「生平史」、「思想史」、「心靈史」、「錯誤史」、「寫作史」等五種，先完成「寫作史」以還債。其他各史留待以後再說。

不管怎麼寫，還是寫作態度最為重要。好在早已確定寫作應以說真話為本，真話雖然並非就是真理，但它卻是通向真理的前提。以往「說真話」是做人常識，現在則需要有些勇氣；「正直」本來是人的常態，現在則需要修煉才能抵達。這是時代的進步還是退步？當然是退步。寫作時，才明白對政府說真話難，而對朋友說真話也很難，甚至對自己的學生和子弟說真話也難。最後，覺得對自己說真話也不容易。在大時代的潮流中自己固然當過「弄潮兒」，但也當過「隨波逐流者」；既當過「時代的先鋒」，也當過「時代的尾巴」；既有「知識」，也很「無知」，因此，「自傳」除了應當面對「主體的飛揚」之外，還應當面對「主體的黑暗」。也就是說，自己要對自己說真話，就必須戰勝自己的面子、自己的幼稚、自己的虛榮、自己的性格弱點等，所以也不是容易的事。

這部自述史，雖寫於美國，但全靠身在中國的表弟葉鴻基先生為我打印文稿。因此，除了要感謝香港三聯負責人侯明兄、責任編輯張艷玲小姐外（沒有他們的鼓勵和支持，此稿不可能單獨問世），還要感謝葉鴻基表弟。

二〇一六年秋天，香港清水灣

觀也文學，止也文學，
去也文學，來也文學。

第一章

寫作的五個維度

二〇一六年，劉再復在香港科技大學高級教職員宿舍接受採訪。（李佩樺攝）

我的著述，也可稱為「中文寫作」。由於我從小形成「黎明即起」、從不戀床的習慣，所以至今還是一早就進入讀書寫作的狀態。長此以往，這種習慣便產生很大的力量並且產生很多「成果」。時至今日，我的中文著作已出版一百二十四種。這一百二十四種之中，包括再版本、增補本、選編本，而其原著，包括學術著作和散文集，也有五十多種。這是書籍，還有一些文章，如《論文學主體性》，雖然產生廣泛影響，但尚未獨立成書，只是收進某個論文集中。我的著述（寫作）一直在五個維度上進行。這五個維度是：

（一）文學研究

這是我的職業，也是我的精神生活的重心。此維度下可分為文學理論與文學批評。文學理論的著作有《性格組合論》、《論文學主體性》、《魯迅美學思想論稿》、《論中國文學》、《現代文學諸子論》、《什麼是文學——文學常識二十二講》等，還有一部與林崗合著的《罪與文學》，其中有一大部分是文學史講述，但也可以算是文學理論著作。文學批評主要是指現當代文學批評，這方面的書籍與文章有《高行健論》、《高行健引論》、《莫言了不起》和《論中國文學》等。

（二）經典闡釋

我在最近十五年所寫的《紅樓四書》（包括《紅樓夢悟》、《共悟紅樓》、《紅樓人三十種解讀》、《紅樓哲學筆記》）與《賈寶玉論》，被許多朋友稱作「紅學研究」，但我自己卻稱之為「悟性閱讀」與「經典闡釋」。《紅樓四書》之後所寫的《雙典批判》，算是文化批判，但也可以說是對《水滸傳》與《三國演義》這兩部文學經典的重新闡釋。

（三）人文探索

作為人文學者，我在文學研究的同時，進行一些人文思考與人文寫作。

這方面的作品有《傳統與中國人》、《思想者十八題》、《教育論語》、《告別革命》等。

（四）思想講述

我不喜歡說自己是「文人」，而喜歡自稱「思想者」。因為思想者才是我的本質。我的人生總是處於「思想」中。思想可形成學術著作，也可隨感隨發，從心所欲。我接受許多報刊的採訪，其採訪錄都是思想講述，赤裸裸的思想，沒有文采，也沒有結構與體系。我寫了二千多條悟語，接近隨想錄，也是思想速寫。《人論二十五種》和其他一些篇章，其實也是重在思想表述。

（五）散文寫作

一手寫論文，一手寫散文，是我的基本寫作方式。後者包括散文與散文詩。二〇一四年北京三聯出齊了《劉再復散文精編》十卷（由白燁主持，葉鴻基協助），包括《師友紀事》、《人性諸相》、《世界遊思》、《檻外評說》、《漂泊心緒》、《八方序跋》、《兩地書寫》、《天涯悟語》、《散文詩華》、《審美筆記》。這十部是選本。雖然基於各種原因，有些重要散文篇目，不能入選（如《人論二十五種》，僅選了其中七種），但還是可以反映我的散文寫作的大體風貌。

第二章

「我注魯迅」和「魯迅注我」的幼稚開端

攝於一九八八年，泉州。那一年，劉再復返回故鄉福建南安探親，路過泉州市。

我的寫作史自述，準備從上述五個維度分別進行。劃分為五項，只是為了敘述的清晰與方便，實際上，五個維度互相交叉，很難割裂。例如《紅樓四書》，列為「經典闡釋」，但也是「文學批評」。而《人論二十五種》，既是「散文寫作」，又是「文化批判」。除此之外，我的自述開端所講述的「魯迅研究」，更是兼有多個維度。魯迅，是中國現代文學最偉大的作家之一，也是我著述的出發點。魯迅研究，既是文學研究，又是人文思考。我所以選擇魯迅作為著述的第一個對象，一是時代原因，因為在文化大革命中，什麼書都不許讀，只可以讀馬列、毛澤東的書，還有就是可以讀魯迅與《紅樓夢》。當時毛澤東屬於「至聖」，魯迅則屬「亞聖」。無論對毛澤東作怎樣的歷史評價，但有一點可以肯定的是：他確實是一個天才。他對文學擁有一種常人包括許多領袖人物難以企及的高級感覺（不是一般感覺，更不是低級感覺）。他特別喜歡魯迅與《紅樓夢》，而推崇這兩種書籍正是高級感覺的表現。毫無疑問，《紅樓夢》是古代文學的精華，魯迅是現代文學的精華。我和我的同一代人，被限制閱讀，結果反而集中時間閱讀《紅樓夢》與魯迅，這是不幸，也是有幸。文化大革命十年，魯迅被「神化」與「聖化」，幾乎從「人」變成「非人」（變成打人的棍棒），變成「歷史的傀儡」。這是魯迅的悲劇，但對於我，這個悲劇反而變成機遇。它讓我可以公開地一篇一篇地閱讀，有的篇目讀了幾十遍、上百遍。最後魯迅的著作成為我的血脈與靈魂的一部分。除了時代原因之外，還有個人原因。我個人天生喜歡思想，在喜愛文學的背後是酷愛思想。我讀書的重心是讀「思想」，並非讀「文采」。這種天生喜好，使我對「思想」有一種特別的敏感。我常對朋友開玩笑地說，我腦子裏的膠汁總是黏不住數字和物理公式，卻特別能膠住思想。你們如果嘲笑我為「思想的蜘蛛」，我不會生氣。因為我確實張開着一張神經的大網，隨時捕捉精彩的思想。而魯迅正是一個偉大的思想者，魯迅與其他現代作家最根本的區別，正是他擁有深刻的思想。所以我讀魯迅，從一開始就不是被迫的，而是主動的。包括魯迅的雜文，我也總是讀得津津有味，因為雜文裏充滿思想。

由於上述的兩個原因。一九七三年我們從五七幹校（社會科學院前身哲學社會科學部的幹校在河南信陽）返回北京之後，我便與隸屬哲學社會科學部的中國科學史研究所的研究員金秋鵬商定共同研究「魯迅與自然科學」這個題目。金秋鵬（已故）是泉州人，既是我的同鄉，又是我的好友。當時他也厭倦了「大革命」，無所事事，覺得惶惶不可終日，於是一說起共同研究魯迅，他便滿口答應。從一九七四年開始，我們就進入閱讀、討論，把魯迅的《說鉬》、《人之歷史》、《科學史教篇》等文言文論著，一句一句地翻譯成白話文，認真至極。中午十二時左右，我們會一起去買兩角錢的豬肉，然後回來做麵條吃，午睡後又會自覺地進行討論和寫作。我對自然科學比較陌生，得仰仗秋鵬兄，而對於魯迅，我當然比較熟悉，筆頭也比他輕快。所以討論完畢就由我執筆。那時，我們覺得對於魯迅的生物學觀念該作怎樣的評價沒有把握，於是就商定請汪子春兄（他在科學史研究所工作）寫一篇《魯迅與生物進化論》，所以全書的署名是「劉再復、金秋鵬、汪子春」。此書出版於一九七六年底，那時，「四人幫」

剛剛垮台，我和金秋鵬完全沉浸於狂喜之中，國家政治勝利的亢奮完全壓倒個人寫作的喜悅。該書的責任編輯（科學出版社）王玉生兄，心情也是如此。他說「魯迅與自然科學」這個題目與政治無關，反正早晚會出版，我們先好好慶祝打倒「四人幫」再說。那個瞬間是我人生最開心開懷的時期。我從來沒有因為國家發生一件事，像打倒「四人幫」這樣，高興得這麼狂熱，這麼真誠，這麼久。記得宣佈四人幫垮台的第二天，我和金秋鵬一起上街，把身上所有的零錢都掏出來，買了四隻螃蟹（那時北京都稱「四人幫」為四螃蟹）回來煮了吃。好幾年沒有嚐到螃蟹味，這一次可得好好享受一下，吃了不僅可以解饞，還可以解恨。秋鵬是烹調的好手，他找到一個小鍋，還找到幾片生薑，邊煮邊哼着小調。過了一刻鐘，他喊一聲「行了」，讓我過去觀賞揭開鍋蓋的重要時刻，走到鍋邊，他卻大叫起來：「糟糕，四隻全是爛貨，臭極了！」我一看，鍋裏的水還沸騰着，只見四個螃蟹空殼浮在水面，肉全散了，只見湯水，而且真的很臭。具有自然科學腦袋的秋鵬兄立即解釋道：「這些螃蟹在倉庫裏冷凍得太久，被當作寶貝好多年，其實全是爛貨。」我們又大笑一陣。笑比吃更開心。大約過了兩個月，王玉生兄送來《魯迅與自然科學》的樣本。我們立即送給周建人和李何林。周建人是魯迅的弟弟。他身為人大副委員長，但非常謙和。我們第一次到他家是請求把他的《魯迅和自然科學》一文作為我們書的代序，他欣然答應。此次是第二回，給他送書，他很高興，表揚我和秋鵬好學用功。那時候能出一本書很不容易，所以周老很鄭重地誇獎了我們。

拜訪了周建人之後，我們又問好了地址，把書寄給李何林先生。當時他是魯迅博物館魯迅研究室主任，我們心目中的魯迅研究權威。過了幾天，就收到李何林先生的信，寫得很工整，第一句話就是：「你們開拓了魯迅研究的新領域。」這一評價使我和秋鵬高興了好幾天。

這本書出版後，我和秋鵬常在一起談論它。我們覺得，通過這本書的寫作，還是抓住了一些時間，「文革」十年，全是荒誕又荒疏的歲月，能保住一點生命時間，又免於多唱革命高調，這是值得欣慰的。但也遺憾，在「文革」後期那種病態的社會氛圍裏寫作，不可能進入真問題。「魯迅與自然科學」應當進入的真問題應是在中國歷史上，特別是中國科學技術發展史上，儒學到底起了什麼作用？是正作用還是負作用？是科技發展的動力還是阻力？魯迅對中醫那樣反感與嘲諷是對還是不對？等等。秋鵬兄還來不及完成思考就去世了。我為此傷感了很久，而且寫了悼亡詩。他走了，我只能在美國洛磯山下獨自思索。在思考中，我閱讀了儒家著作，覺得「儒學」本身是個龐大系統。它可分為「三期」還是可分為「四期」，至今還有爭論。「三期」論者認為儒學可分為先秦原典、宋明理（心）學和新儒學三段；「四期」論者則認為在先秦原典與宋明理學之間還有一期，即漢代儒學。其代表人物董仲舒把「天人合一」的思路推向極致，並不利於科學發展。我不否認董仲舒的貢獻，他把儒家的「仁義」等基本理論與陰陽家的五行宇宙論結合起來，為儒家的政治理念和倫理規範提供了一個「宇宙圖式」的基石，使「天人合一」的思想更加具體化和現實化，確實給中國的主流文化多了一個上蒼支撐點。但是，董仲舒的思想重心是用這種五行宇宙論來制約君主的專制權力和社會的統治秩序，並不考慮「天」的獨立性。也就是說，他的這一套理論雖然能促進人們去把握天與人、自然與社會、身體與精神的整體關係（包括生態平衡等），但無法引導人們把「天」即把大自然、大宇宙作為獨立的權利主體而進行探索與研究。其結果，是使中國的「自然科學」遲遲不能成為獨立的科學體系，反而產生了許多貌似科學的偽理論，例如「風水學」、「占卜學」等等，因此，不能說儒學就是科學的動力。然而，我們在《魯迅與自然科學》中籠統地說，「儒學就是科學的死敵」，也不對。所謂「死敵」，乃是七十年代流行的政治術語，我們搬用到《魯迅與自然科學》書中，顯然不妥。「文革」十年以及它的前前後後，政治話語取代一切，包括取代文學話語、科學話語、哲學話語。在此社會風氣下，我們也成了「風氣中人」。

《魯迅與自然科學》出版之後的幾年裏，中國所發生的一切「撥亂反正」大事，都讓我衷心高興。我的自由天性和國家的前進步伐在這一歷史階段完全同一節奏，因此我的精神一直處於高度亢奮中。儘管「亢奮」中更多的是情感與情緒，但我清醒地意識到，中國已開始了一個「改革開放」的偉大時代。我敬佩和感謝鄧小平與胡耀邦，從內心深處響應他們的一切改革呼喚。我私下一直在想：鄧小平宣佈結束「以階級鬥爭為綱」，把民族生活重心從階級鬥爭轉變到經濟建設，此事太重大太重要了。為了實現這種轉變，本來是需要戰爭的，但中國沒有戰爭。自上而下、翻天覆地的巨大變動就這樣和平地實現了！真了不起！因為意識到這一點，所以我總是狂喜、亢奮，坐不住、睡不着，總是想叫喊，想作貢獻。或寫散文詩，或寫論文，都是叫喊。我要充當時代的「弄潮兒」，要追隨鄧小平、胡耀邦的偉大改革事業。於是，在七十年代末（從一九七七年到一九七九年），我便開始寫作《魯迅美學思想論稿》。而且刻意要讓「我注魯迅」變成「魯迅注我」，即讓「魯迅助我開生面」。當時，我最想改變的是文學批評的「政治標準」。我從小就熱愛文學，也深知文學的本性與政治的本性格格不入。我經常講，文學「超越功利」，而政治卻是「充分功利」。任何政治，包括民主政治，都不能改變政治的基本性質，那就是權力的角逐與利益的平衡。如果把政治標準當作文學批評的第一標準，那就等於把淺近的社會功利要求當作文學的第一要求，這就會把文學變成非文學，把詩變成非詩。那麼，該樹立什麼樣的新批評標準呢？那時，我認為應當樹立「真、善、美」的標準，但是，如果直接論說用「真善美」的標準取代政治標準，那根本行不通。論說也根本無法發表，即使發表了，也一定會遭受批判。所以便想到應當「挾魯迅以令諸侯」，讓「魯迅注我新思考」。文化大革命結束了，但魯迅的「亞聖」形象還在。「亞聖」的話語仍然帶有極大的權威性。正好，我發現魯迅書中有這樣一段話，他說：「我們曾經在文藝批評史上見過沒有一定圈子的批評家嗎？都有的，或者是美的圈，或者是真實的圈，或者是前進的圈。」（《花邊文學・批評家的批評家》）發現這句話時，我高興得跳起來，並且認定，這三個「圈」正是魯迅認定的文學批評標準。他隨心信口說出的三個「圈」，正好有「真」（真實），有「美」，還有「善」。「前進」，便是廣義的善。那個瞬間，我覺得自己完成了一個「人文發現」，發現文學批評的標準就應當是這三個「圈」。於是，我便抓住這三個圈，並用「三圈」結構全書，把全書分為「真實論」、「功利論」、「美感論」等上、中、下三篇。當時我已質疑「不破不立」的思想，認定相反的命題才對，必須先立才能破。所以我便立「真善美」以破「政治第一」。於是《魯迅美學思想論稿》也以「藝術批評的真善美標準」作結。書稿接近尾聲時，我把「關於藝術批評的真善美標準」單獨抽出，投給《中國社會科學》雜誌。此文刊登後兩年，該雜誌舉辦首屆「青年科學論文獎」，五位老學者便分別寫出推薦評語，共同推薦我的論文榮獲一等獎，並讓我在頒獎儀式上說了幾句話。這五位推薦人是王瑤、季羨林、周振甫、郭預衡、金維諾。出於好奇，我向《中國社會科學》編輯部提出要求，「想看看五位老先生的評語」，編輯部竟然「違章」讓我看了看，並讓我複印下來。這五份評語，寫得雖然都屬激勵科學青年的溢美之辭，但我還是衷心高興，並暗下決心，決不辜負他們的提攜，一定要更開放、更勇敢、更紮實地研究。

這五位老先生的評語，除了評價我的文章之外，還涉及到那個時代價值標準的變化以及知識分子的心態，老先生們顯然支持我的求索，但很謹慎、很微妙：

王瑤先生的推薦語：

《論文藝批評的美學標準》一文就文藝作品的真善美的統一論，不僅符合文藝本身的規律，對糾正文藝批評中各種片面性的傾向也有現實意義。論點鮮明，論證過程亦屬謹嚴，文中多援引魯迅著作為據，就學術界關於魯迅文藝思想的研究來說，亦有新的進展。唯作者所闡述者在社會主義文藝批評之標準，魯迅關於文藝批評之論述較為零碎，就文中整體立論而言，是否與魯迅觀點十分契合，似尚須加以論證。

季羨林先生的推薦語：

這是一篇比較好的論文。論證優秀的文藝作品應該是真、善、美的統一綜合體，持之有故，言之成理。特別值得注意的是社會功利標準，看藝術品是否有益於人類進步的實用價值。現在國內外有不少人提倡花樣翻新的現代派，其中有一些故弄，讓讀者墮入五里霧中，以此自炫。讀者連看懂都做不到，還談什麼實用價值？我看，連作者自己也看不懂，只是英雄欺人而已。我認為，衡量一件藝術品，一個文藝作品，首先看它有沒有促進人們向上，促進社會前進的作風。如果沒有的話，那就是無用的廢物。有一些作品能陶冶人的性靈，給人以美的享受，這也是一種實用價值。

周振甫先生的推薦語：

這篇講美學標準講得比較全面，尤其講美感標準，從形象性、情感性、獨創性來講，從理論到例證都很充分，有說服力。似可入選。

郭預衡先生的推薦語：

《論文藝批評的美學標準》所論者是個難度較大的問題。所提三個標準，能夠言之成理；對於魯迅的觀點，也能有所發揮。但也許因為本文只是《魯迅美學思想論稿》的一個組成部分，所以對於魯迅的觀點也就未能全面涉及。

還有，講文藝批評的標準，全文引了中外的一些看法，卻未提到毛澤東同志的有關論點，似是有意不提。其實，在當前寫這樣的理論文章，這是不能迴避的。

金維諾先生的推薦語：

《論文藝批評的美學標準》是對魯迅美學思想的一個方面進行探索，作者環繞魯迅在文藝評論上的見解，綜合論述了文藝批評的美學標準，材料收集豐富，論述嚴謹，反映了作者在研究上的功力。

該文發表於一九八〇年，當時對於批判「四人幫」在文藝中造成的危害，顯然也是有利的。

《魯迅美學思想論稿》由剛創辦的中國社會科學出版社出版。責任編輯楊鐵嬰，極為認真，逐字逐句地「把關」。他自己累倒，把我也累倒。出書時，當時的出版社總編輯、社科院院長馬洪的夫人陳伯林大姐非常高興。她特地接見了我，說這是剛創辦的中國社會科學出版社出的第一本書，是她主持的出版社出的書，除此之外，她還說，也想看看社科院的「才子」劉再復是什麼樣的。她的誠懇態度讓我深受感動，我一連叫了她幾聲「陳大姐」。一九九一年我出國後到夏威夷大學參加學術討論會，她和馬洪院長（已退休）還特別讓他們的兒子到會場找我，他們的兒子說：「我爸媽特別掛念你，囑我要和你一起照張相片寄給他們看看。」聽到這話，我差點落淚。我知道馬洪院長和伯林大姐是多麼有見識又是多麼善良的共產黨人，但不知道我的漂泊是辜負他們還是敬重他們？

《魯迅美學思想論稿》於一九八〇年十二月正式出版，與此同時，《中國社會科學》該年第六期發表了《論文藝批評的美學標準》。此書此文發表後在社會上產生了影響，當時的《文匯報》、《光明日報》及中新社都作為新聞加以報道。

幾則新聞中我最難忘的是上海《文匯報》在十二月十八日以「文藝批評標準應是真、善、美統一」為題，對我的論文與論稿作了相當準確的概述。儘管新聞稿不長，但很實在，我一直保存着。《文匯報》的報道全文如下：

「政治標準第一，藝術標準第二」，這是四十年代以來，我國文藝批評的通用標準。以這兩個標準估量文藝的價值，究竟是否符合文藝發展的客觀規律。一九八〇年第六期《中國社會科學》刊登劉再復《論文藝批評的美學標準》一文，對幾十年來所形成的文藝批評體系，提出了異議。

文章認為：「藝術批評作為一種審美判斷，應在美學範圍內進行，不應質變為政治評論。」作者主張：社會主義文藝批評的美學標準應當包括三個方面：「（一）藝術批評應當在美學的範圍內進行；（二）真實標準應當成為估量藝術價值的一個獨立標準；（三）藝術真實應當是現象形態的細節真實與典型形態的本質真實的統一，批評家既不應當用本質真實的要求來否定細節真實的價值，也不應當滿足於細節真實而放棄對典型形態的真實的美學要求。」

關於社會功利標準，文章認為，藝術追求的社會功利價值應當包括三個方面：「（一）有助於人類與惡勢力進行鬥爭，推動社會改革的實踐活動。（二）有助於提高人類征服自然和增進社會文明。（三）有助於陶冶人的靈魂，豐富人和社會的精神生活，提高人類自身的尊嚴感和精神境界及道德素養。」文章特別強調：「激發人的崇高精神，喚起人的尊嚴感，確實是最基本的價值。文學藝術的特殊使命正在於此。」

關於美感標準，文章認為，藝術創作是生產「美」的過程。文學藝術的特殊規律，就是美感的規律。作者提出：「在藝術美感多元的特徵中，最根本的有兩點：（一）具體形象性；（二）情感性。」作者還提出：「藝術美的創造，還要求更大限度的自由和獨創性。」「美的享受」本身也是藝術的一種價值，藝術的一種目的。必須承認美學價值的獨立性。文章最後指出，真、善、美三個標準，既有區別又是緊密聯繫的。

讀了這一篇自稱「文藝動態」的新聞稿，我特別高興。因為除了準確地概說我的論點之外，它還特別把我的論說放在當時的具體歷史語境下進行介紹。

我的《魯迅美學思想論稿》確實具有很強的歷史針對性，針對的是四十多年來通行的文學批評標準，即「政治標準第一」的偏頗。倘若在文化大革命中，這便是「大逆不道」、「大毒草」，但《文匯報》卻把文章作為「鮮花」報道給全國。《文匯報》能夠理解我的論述指向，幫助我質疑流行的政治標準，也幫助我確立新的批評標準，使我感到在祖國南方最大的城市裏有我的知音。

《魯迅美學思想論稿》的出版，為我贏得了最初的名聲，但我很快就對它不滿意。八十年代裏，我覺得自己每天都在「爆炸」，都在「突飛猛進」，都在「天天向上」，對於自己的作品，出版不久，就想告別，就想修正，就想補充。大約此書出版三年之後，我就覺得應當寫一部新的「魯迅文學論」或「魯迅美學論」。在新論中我的寫作方式，將不會是闡釋性的（闡釋魯迅的權威性思想），而會是討論性的。對於文學的「功利論」，我還會進一步「廣義化」，只承認「善」即有益於人類的生存延續，也會進一步發揮康德的「無目的的合目的性」這個大命題（所謂合目的性也只是合人類的生存延續）。與此同時，我會對魯迅「拿來」普列漢諾夫的那些功利論進行更多的商榷，甚至揚棄「功利論」。一九九一年我出國之後第三年，到日本參加東京大學紀念魯迅誕辰一百一十週年的學術活動時，作了《魯迅研究的自我批判》的學術演講。講話中我作了三點自我反省：（一）魯迅的偶像化：丟失與魯迅的對話能力和提出質疑能力；（二）瞿秋白「兩段論」模式的影響：忽視魯迅的「內在悖論」；（三）「三家」整合觀念的影響：拔高魯迅「革命家」形象，缺乏對魯迅本質化界定的警惕。所謂「三家」，即革命家、思想家、文學家。我當時希望能給魯迅摘掉「革命家」的帽子。

　　此次在日本第一大學鄭重地作自我反省，是為了真正地告別神化與聖化魯迅的思潮，也想把自己的魯迅研究真正從謳歌式和注解式的書寫轉向對話式和質疑式的探討。既不「我注魯迅」，也不「魯迅注我」；既不把魯迅當作「亞聖」，也不把魯迅當作「傀儡」。只想以真實的態度對待真實的魯迅。因此，在講演中，我鄭重地講述自己的研究弱點，並以《魯迅美學思想論稿》為例如是說：

魯迅的偶像化在我的研究中帶來另一個問題，是把魯迅的思想當成戰鬥的工具以對抗其他權威，也就是在對某種絕對價值尺度提出批評的時候又把魯迅的思想當成絕對價值尺度，缺乏對魯迅思想自身局限的發現和認識。例如《魯迅美學思想論稿》，以真、善、美三者作為全書的上、中、下三篇的精神支撐點，又以魯迅關於藝術真實、社會功利和審美特點相結合的標準以取代《在延安文藝座談會上的講話》的「政治標準第一，藝術標準第二」的評價尺度，這對我國文學藝術從狹隘的政治牢籠裏擺脫出來是起了積極的作用。但是，魯迅美學思想本身也被當時的時代潮流所影響，本身也帶有決定論和獨斷論的偏頗。例如，確認文學藝術可以作為政治鬥爭的一翼的觀念，文學藝術無法超越時代與階級的觀念，絕對排斥「為藝術而藝術」的觀念等等，都是值得質疑的。又如，魯迅後期熱情地翻譯和介紹馬克思主義文藝理論，特別是普列漢諾夫的理論，我在《論稿》中評價他的譯介時就沒有揚棄普列漢諾夫在美學思想中的機械論，也沒有注意到魯迅接受時的缺陷。

把魯迅偶像化的弱點，不僅反映在《魯迅與自然科學》與《魯迅美學思想論稿》中，也反映在與林非先生合著的《魯迅傳》中。

《魯迅傳》的寫作，林非先生和我都比較注意描述的文學色彩，以增加傳記的可讀性，也希望能夠有別於當時的幾部魯迅傳，盡可能還原魯迅作為「人」的世間性與妥協性。所以在我執筆的部分中，特別設置了「初婚」一章（林非先生也極力支持），即敘述魯迅和他的第一任妻子朱安的婚姻狀況。這在八十年代初也算是一種「突破」。我在《魯迅傳》中如此寫道：

魯迅二十六歲那年，他還在日本留學，一個關於魯迅與日本女人結婚的謠言，傳到紹興。魯迅的母親周老太太嚇壞了，便匆忙地決定魯迅的婚事。新娘朱安，出身在紹興城內的一個富裕人家，是魯迅叔祖母玉田夫人蘭太太的同族。她裹着小腳，身材矮小，不識字，但心地善良，性情溫和。魯迅同情母親的寡居生活，他想，「母親需要有個人陪伴，就隨她去吧！」魯迅妥協了，回國按舊式婚禮完了婚。此後幾十年歲月中，他同朱安都保持形式上的夫妻關係，沒有愛，沒有恨，沒有歡樂，沒有爭吵。一九一九年，魯迅三十九歲，才將母親和朱安接到北京同住。他們各住一間房子。一年四季，他們之間僅有的聯繫是固定的。清晨，朱安喊魯迅起床，魯迅淡淡「噢」了一聲。到了吃飯時間，又是一聲招呼和一聲輕輕的回應。晚上朱安睡得早，睡之前來到魯迅房前關照一下：「門關不關？」魯迅也照樣是一聲簡單的回答。魯迅對朱安沒有愛情，但對她的人格是尊重的。魯迅與許廣平同居後，仍然一直供着她的生活。朱安對魯迅也一直懷着深厚的情意。魯迅逝世後，她繼續陪在魯迅母親身邊。老人逝世後，她對魯迅的友人許壽裳說：「我生為周家人，死為周家鬼。」

對魯迅「初婚」的這一節描述，在當時成了新聞，香港《文匯報》、《大公報》均以「魯迅初婚的首次披露」為題作了報道。國內的《文匯報》和《中國青年報》也報了《魯迅傳》的出版消息。我特別高興的是收到上海華東師範大學錢谷融教授的祝賀信，他在信中特別稱讚我敢於書寫魯迅的「初婚」一章。

儘管《魯迅傳》有所「突破」，但是整部傳記的基調還是以熱烈的謳歌代替了冷靜的描述。在歌吟魯迅的戰士性格時還是迴避了他主張「黨同伐異」、「一個也不寬恕」等偏激思維。魯迅對中醫、對梅蘭芳、對李四光的嘲弄，我並不贊成，但傳記中也未能體現。很明顯，太「為尊者諱」了！

在東京大學進行自我反省之後，我雖然不再研究魯迅，也告別聖化魯迅的思路，但仍然覺得魯迅是中國現代文學史上最偉大的作家，他對中國歷史與中國社會的深刻認識確實無人可比。我雖然反省了以往過分重視他的「革命家」形象，但仍然認為，魯迅無愧是個偉大的思想家與文學家。所以，當夏志清先生貶抑魯迅時，我仍然承受不了，不得不和他進行一場認真的爭辯，儘管我也很敬重他。

第三章

人性真實的第一次呼喚

一九八七年一月二十六日，劉再復和文學研究所三位副所長（馬良春、馮志正、何西來）一起到建國門外拜訪俞平伯，並在俞平伯的寓所中合照（自左到右是何西來、劉再復、俞平伯、馬良春、馮志正）。劉再復主持的文學所於一九八六年初召集「紀念俞平伯先生從事文學活動八十週年」的學術大會，影響極大。這是大會之後第二年的拜訪活動。

《魯迅美學思想論稿》和《魯迅傳》交稿之後，我和中國文學界迎來了一九八一年。這一年之所以重要，是因為黨中央出面要隆重紀念魯迅誕辰一百週年。年初，兼任文學所副所長的陳荒煤通知我到文聯租借的民族文化館開始為周揚起草「紀念魯迅誕辰一百週年的主題報告」。他告訴我，在九月的紀念大會上，將由胡耀邦代表黨中央作簡短的報告，而由周揚代表文藝界（文聯與作協）作主題報告。他還說：「中央特別成立了紀念魯迅一百週年活動的籌備委員會，由鄧穎超同志擔任組長。你也是一個籌備委員。」陳荒煤通知我之後的第三天，周揚就「接見」了我。同時被接見的還有文學所的陳荒煤、許覺民和魯迅研究室的主任王士菁及副主任濮良沛、曾普等人。周揚接見時講了紀念報告的設想。說此次報告要以毛主席在《論人民民主專政》中所說的那句話（我們要建設科學的、民主的、大眾的文化）為主題。他還宣佈：「報告由劉再復同志負責起草，再復同志還可以邀請一名助手。」當時我立即請求讓哲學研究所的張琢和我一起起草。他是我的好朋友，又寫過《魯迅的哲學思想》一書，思想特別活潑。過後我又要求增加一位助手幫我們做各種輔助工作，這是魯迅研究室的張夢陽。他是個「拚命三郎」，極為用功，當時正在編輯一千萬字的「魯迅資料文庫」。於是，我們三人便興沖沖地住進民族飯店將近十個月。這段時間，我親自感受到圍繞報告初稿而爭執的具體情境（參見拙作《周揚紀事》），也提高了書寫「大報告」的駕馭能力（報告的每一稿都得由周揚親自審閱，他的意見對於我的寫作能力和思想能力的提高，幫助很大）。渡過一九八一年，有一個新的強烈的意識在我的腦際中產生，即：「從明年開始，我要暫時放下魯迅，儘管魯迅很了不起，但我不能讓整個人生都陪伴着一個偉人。」一九八一年最後兩個月，我整天想的是以後三年的學術計劃，常常想得心潮澎湃，寢食不安，儘管我意識到必須放下魯迅，但是在《魯迅美學思想論稿》的寫作中，魯迅的一個文學思想，卻仍然緊緊地抓住我。我被這一思想所震撼，覺得那才是文學真理。這就是魯迅在總結《紅樓夢》的基本經驗時說的：

> 說到《紅樓夢》的價值，可是在中國底小說中實在是不可多得的。其要點在敢於如實描寫，並無諱飾，和從前的小說敘好人完全是好，壞人完全是壞的，大不相同，所以其中所敘的人物，都是真的人物。總之自有《紅樓夢》出來以後，傳統的思想和寫法都打破了。它那文章的旖旎與纏綿，倒是還在其次的事。

這段話從根本上啟迪了我。「敘好人完全是好，敘壞人完全是壞」，這種單一化、畸形化的傳統格局，不正是當下中國文學創作界的格局嗎？什麼「高、大、全」，什麼「三突出」，什麼「典型環境中的典型性格」，不正是傳統格局的極端化與病態化嗎？這種格局便是「扁平性格」的格局，「偽型性格」的格局，必須打破這種格局，中國當代文學才有出路。我當時強烈地意識到，當代小說所塑造的英雄，全都戴着假面具，全都是假人假性格。真的人物包括真的英雄，一定會有人的弱點，其性格一定是豐富複雜的，其性格運動一定是「雙向逆反運動」（參見《性格組合論》），那時，我認定，性格的悖論，人性的真實，才是文學真理。性格兩端（長處與弱點）的二重組合，才是文學的真諦。打破偽型性格論，確立二重組合論，正是天降給我的「使命」。一九八一年和一九八二年之交，我個人一直沉浸於這種「發現」的大喜悅之中，在那段日子裏，我常常徹夜不眠。以往閱讀過的莎士比亞、托爾斯泰、巴爾扎克等作家筆下的人物一個一個地在我腦海中重新浮起，我和他們展開對話。他們不約而同地告訴我：文學最怕什麼？文學最怕把人簡單化，最怕把人性簡單化了。可是，中國當代的文學犯的正是簡單化的致命頑症。除了以前讀過的書籍重新回到腦子裏，我還借了一大批國外小說，重新閱讀。一九八二年上半年，我完全陷入第二次閱讀狂熱之中（第一次狂熱是高中時期），希臘史詩、希臘悲劇、福樓拜、莫泊桑、左拉、雨果、梅里美、狄更斯、屠格涅夫、肖洛霍夫，一本一本地「吞嚥」。連莎士比亞和托爾斯泰、陀思妥耶夫斯基，也重新讀了一遍。儘管我在中學期間就熟讀莎士比亞，但這次閱讀，則意識到，馬克思所倡導的「莎士比亞化」，其實就是人物內心的宇宙化，也可以說是人物性格的豐富化（席勒化正相反）。出國多年之後，我閱讀趙復三先生（前中國社會科學院副院長、翻譯家）翻譯的奧地利學者弗里德里希．希爾所著的《歐洲思想史》，書中如此描述莎士比亞：

莎士比亞以千變萬化的手法，第一次全面地表現出近代人。他第一次勾畫出一種新的「人論」（anthropoloy）。人是含有許多矛盾的生物。他內心的不同方面會輪流覺醒、興起。正是在這許多領域裏的矛盾緊張之中，人才走向自我實現。為充分理解這一點，我們只需要把莎士比亞筆下的人和高乃依、拉辛、卡爾德容的作品相比較，甚至與席勒的作品相比較，就可以看出莎士比亞的人物，性格矛盾複雜得多。在這些人物內心，天堂和地獄時隱時現，互相衝突，才能和邪惡、天資和情欲，由下面來和上面來的引誘，相互作用，以至有時邪惡（如驕傲、野心、貪權、嫉妒），只要有適當條件，能一變而成為人心中行善的動力。換一種場合，人的品德可以邪惡，才能可以變成軟弱。莎士比亞的戲劇第一次深刻揭示人的內心世界，像宇宙那樣廣漠，又像是個混沌的謎。他把荷馬、但丁筆下，人在地獄中的旅程轉變為人在內心的旅程，這種對客觀的否定表明在莎士比亞心中沒有古代的思想主題，也沒有十六世紀新教和屬靈派的

那種動力。(《歐洲思想史》第四六〇至四六一頁，香港中文大學出版社)

這位名叫「希爾」的奧地利思想史家，在上世紀五十年代敘述莎士比亞時，就說明莎氏眼中的人，是一種「矛盾的生物」。這確實是莎士比亞對人的基本認識。我在思索「性格組合論」時並不知道歐洲思想者早已如此看「人」，但知道許多歐洲傑出的作家(包括莎士比亞)正是把人看成「矛盾的生物」，把人的內心看成一個無邊的宇宙。我的性格組合論，也可稱作「性格矛盾論」和「性格悖論」。從一九八二年至一九八五年，我全心全意地投入這一課題的寫作，覺得自己在哲學著作《矛盾論》之外正在創立「文學矛盾論」。雄心勃勃，熱血沸騰，無所畏懼，愈寫愈有勁。到了一九八四年春天，我已寫出「人物性格二重組合原理」等章節，《性格組合論》的基本框架已經確立。於是，我帶着「勝利」的心情，把《論人物性格二重組合原理》一文投給《文學評論》，僅三天時間，當時的編輯主將之一王行之先生就找了我，說編輯部決定刊用這篇論文，他個人還熱情地鼓勵我，說了一句讓我興奮了足有三天時間的話：你在文學理論上「突破」了！他使用「突破」這一概念給我極大的鼓舞。因為從一九八一年年底開始，我日以繼夜所思所想的，正是「突破」。突破，突破蘇聯那一套早已過時的文學理念，突破籠罩我國文壇數十年的僵化教條，突破一切意識形態的愚蠢牢籠。這正是我的內心渴求。一九八四年第三期的《文學評論》，發表了我的《論人物性格二重組合原理》。朋友們說，這是「平地一聲雷」，我自己也為此高興得進入新的亢奮，並以更大的勁頭寫下《性格組合論》。

一九八二年、一九八三年、一九八四年、一九八五年，這四年裏，我除了抽空寫些散文詩之外，整個身心都投入寫作這部理論專著。我寫，我妻子陳菲亞和我的朋友曲熹光（還有傅菊人先生）幫助謄抄。像打仗，一章一個堡壘，一節一個壕塹，每攻克一個堡壘和跨過一個壕塹，都充滿「勝利的喜悅」。這四年中間，我還經歷了一件人生的大事，這就是一九八四年十月，我還在武漢開會的時候，文學所的一百八十多名研究人員與行政人員（全所二百六十人）通過無記名投票，選我為研究所所長（此事留在「生平史」中詳述）。經過兩三個月的彷徨，我終於在一九八五年年初挑起所長重擔。但是，即使重任在身，我還是埋頭寫作《性格組合論》。那一年我真的像聶紺弩老人所描述的那樣，儼然是個「三頭八臂風火輪」（哪吒），白天應付行政工作，晚上則與妻子開夜車。她一邊哮喘，一邊抄寫；我則一邊亢奮，一邊着筆。在「廢寢忘食」的狀態下，《性格組合論》終於在一九八五年的夏天完成，並把完整的、將近四十萬字的書稿交給上海文藝出版社的副總編輯郝銘鑑先生。經過將近半年多的審閱和修訂（這期間我還專程到上海一回，躲在銘鑑兄為我租好的旅館裏閱讀清樣），終於在一九八六年七月推出了第一版。出版之後的情況，我曾在《上海，助我思想飛揚的上海》一文中寫道：

《性格組合論》剛一出版，《人民日報》就在第一時間中報道「一搶而空」的消息，這之後，便一版再版，直至第六版，發行量近四十萬冊，成為一九八六年的十大暢銷書，還得了幾個主要報刊聯合頒發的「金鑰匙獎」。對於獎項和外部評語，我歷來不在乎，覺得自己不受批判便是凱旋，最重要的是能夠發出自己內心真實而自由的聲音，但「金鑰匙」這一名字實在很美，也很切合我的喜歡打開思想門窗的心靈走向，所以就記住了。

《性格組合論》第一版發行時，郝銘鑑和上海文藝出版社的鄭煌等其他負責人，特在上海舉行發佈會，還要我作個「講話」。面對一千多個好學的聽眾，我以最堅定的語言頌揚巴金所作的「懺悔錄」（原書名《隨想錄》）。說明懺悔乃是民族新生的第一步。我們曾共同創造了一個錯誤的時代（文化大革命），在錯誤中我們每一個人都有一份責任。對這份責任的體認，便是良心。「受蒙蔽」而進入「共犯結構」，沒有法律責任，但有良知責任。演講後我收到幾百張字條，其中那些感人的語言除了給我震撼之外，還讓我感到上海這座偉大城市顯然跳動着一顆集體性的偉大的良心。演講後，我開始簽字，隊伍排得很長，一些擁到講台上的性急的年青朋友差些把桌子擠倒。簽書半小時後「擁擠」現象愈來愈烈，我坐不住了，郝銘鑑諸兄怕我不「安全」，竟把我「架走」，匆匆逃離了會場。那一天，我感到八十年代的上海真是一團火，燒得我渾身是熱，也燒得我思想更為動盪更為活潑。所以從上海返回北京之後，我便立即撰寫《論文學主體性》，一發而不可收了。

一九八六年十月的一天，錢鍾書先生急着找我，說他得知《性格組合論》印數已超過三十萬，讓我要「知止」，說「顯學很容易變成俗學，不要再印了」。錢先生一言九鼎，我立即寫信給郝銘鑑兄，請上海文藝出版社不要再增印了。出版社尊重我的意見，也就止於第六版。錢先生是個極有智慧的大學者，他深明「知止不殆」（《道德經》）的真理，勸阻我完全是保護我。

《性格組合論》為什麼會引起如此的「轟動效應」？許多朋友和我聊過這個問題。我的回答是「時代所賜」，因為全國上下都討厭那些「高大全」的陳詞濫調了，時代渴望真實，渴望新的文學觀念和新的文學思想產生。儘管人們的評價有所不同，但都承認《人物性格二重組合原理》和《性格組合論》是新鮮的書籍，至少在八十年代那個具體的歷史語境下，它是新鮮的思想。然而，我也常常自我反省，那個思想裂變的時節，能讓我坐下來好好思索的時間並不多，寫得畢竟匆忙。出國之後，我甚至想，如果能讓我從從容容再寫一部新的《性格組合論》，我至少得進入幾個問題：（一）人的性格極為豐富複雜，到底是說「二重組合」好，還是說「多重組合」好？（二）性格組合原理可以覆蓋書寫人物形象的現實主義作品，但是對於浪漫主義作品，對於荒誕主義作品，這一原理能夠適用嗎？（三）文學不斷在創造，不斷在更新，有些小說，例如我的朋友高行健所寫的《靈山》，根本就沒有人物，更談不上「性格」。《靈山》以人稱取代人物，以心理節奏取代故事情節。性格原理與這樣的小說根本無關。因此，需要不需要對性格原理的輻射範圍作個界定？（四）《性格組合論》講述「善惡矛盾」，卻未講「善善衝突」，而許多悲劇恰恰是善與善的共犯結構，這該怎麼解說？在思索的過程中，我認真地閱讀對於性格原理的批評，其中，夏中義先生的批評正好和我的反思相互疊合。他在《新潮學案》（上海三聯出版）一書中寫道：

縱觀西方文學人物形態從古典主義→浪漫主義→現實主義→自然主義→現

代主義的歷代演化，不難辨出「性格」僅僅是在現實主義鼎盛期才風靡文壇的某種歷史現象。假如從巴爾扎克首次推出《歐也妮．葛朗台》這部現實主義經典算起，歷經列夫．托爾斯泰的《戰爭與和平》、《安娜．卡列尼娜》等，直到羅曼．羅蘭的《約翰．克利斯朵夫》，這長達八十年之久的現實主義黃金時代無疑也是值得「性格」欣慰且珍視的輝煌歲月。因為，在此以前或在此之後，「性格」要麼未進入文學史，要麼已走下坡路，盛極而衰。這表明：「性格」只是文學人物形態演化史上的精彩一章，而不是永垂古今的不朽典範。不妨略作比較。獨領風騷數百年的古典主義人物造型，不論高乃依的熙德（悲劇）還是莫里哀的答爾丟失（喜劇），皆為清一色的類型而非矛盾型的「性格」，因為其形態構成不符合劉氏定式的第一條款：「兩極性」。雨果的浪漫主義的「鐘樓怪人」倒具備「兩極性」，它是「美醜對照」的，即由聖潔天良與醜陋形體整合而成，但仍稱不上「性格」，因為在現實主義看來，它未免傳奇色彩過濃，斧痕過深，似為兩種絕緣體的機械鑲嵌，缺乏劉氏定式所強調的內在「整體性」及由人物心靈跌宕所呈現的「深層性」。但考慮到「美醜對照」式的人物造型，畢竟比古典主義類型較接近現實主義「性格」，或者說它猶如陰陽人，既沾着古典主義類型的粉墨，又蘊有現實主義「性格」的因子，故似也可稱雨果的人物為「後類型」或「前性格」，但不算真「性格」。古典主義、浪漫主義與「性格」基本無緣，至於現代主義的人物造型，如喬依斯的斯台芬那身心游離的分裂結構更是直接頂撞劉氏定式的，大概只能命名為「非性格」或「反性格」。這樣，與上述西方文學思潮的宏觀走向相對應，我們似又獲得了一份粗線條的微觀人物形態演化表，即從類型→前性格→性格→非性格或反性格。

夏中義從文學史的角度說明性格組合原理不帶普遍性，它未能覆蓋古典主義、浪漫主義、荒誕主義作品。這些「主義」下的文學，均與「性格」無緣。確乎如此，夏中義的論說顯然是正確的。未能說明性格原理的適用範圍，確實是《性格組合論》的一個弱點。儘管夏中義的批評相當尖銳，但我認為他的批評是很有水平的人文學術批評。所以我讀後立即寫了一則短文發表於香港《明報》，讚揚他的《新潮學案》。寫作這篇短文並非為了表現自己的「謙虛」姿態，而是覺得他的批評確有道理，與我的反思十分相通。一九八五年是我最繁忙的一年，一方面，我必須履行「所長」的職責，除了日常的所務工作之外，還要準備一九八六年初的「紀念俞平伯先生誕辰八十五週年、從事文學活動六十五週年的會議」，另一方面，自己又要用相當多的時間寫作《論文學主體性》。八十年代中期，文學創作領域的作家朋友（如莫言、韓少功等）的思想已經衝破牢籠，我的《性格組合論》各個章節陸續發表，對他們可能有所刺激，而他們的創作也刺激了我。我當時利用「所長」和《文學評論》主編的權力，倡導文學觀念的變革，還借助我的同學林興宅之力，把系統論引進文學理念的變革活動。我知道不能把自然科學的理論硬套入文學理論，但是系統論的一套新的語彙和思維方式，卻有利於我們打破僵化的思想模式。凡是有利於打破僵局的，我都想「拿來」試一試。於是，一場方法論變革熱也就燃燒起來（對於文學主體性的思考，並不是方法論的變革，而是基本文學觀念的變革）。

第四章

「主體飛揚與超越」惹起了紛爭

一九八八年，劉再復（左）與王蒙（右，時任文化部部長）在「中國文化走向」學術研討會上。

大約是這一年夏天，我剛把《性格組合論》的稿子送走，程廣林告訴我一個重要學術信息，說李澤厚發表了一篇《康德哲學與建立主體性論綱》，我立即找來閱讀，讀後真受到了啟發，也明白了：所謂主體，乃是指人、人類。主體性便是相對於自然界與外界的人的本質屬性。按照康德的說法，人是「目的王國」的成員而非「工具王國」的成員。把這一觀念引入文學領域，那就是說，作家是文學目的王國的成員，而不是政治工具王國的成員。而我國的文學藝術，其根本問題恰恰是作家變成了政治工具，作品變成政治意識形態的號筒。就在這一年，《文學評論》評出的最好文章，其內容講的還是「文學的黨性原則」。我當時是文學所所長兼黨組書記，怎能不講黨性原則，但是，我認為，作為現實主體，我可以守持黨性原則，而作為文學藝術主體，我則可以超越黨性原則而講人性原則與個性原則。完全可以把「世俗角色」與「本真角色」分開。我覺得自己找到了關鍵點：文學主體性的關鍵在於文學的超越性，即作家詩人在進行創作時，可以超越現實主體的身份和立場，而以藝術主體身份進入文學精神價值創造。唯有這樣，才能創作出他人不可替代也不可重複的文學個性。李澤厚講的主體性，是人類群體的主體性，即人類通過歷史實踐活動實現人類成為人類的可能性（從自然轉化為人的可能性）。而我講個體主體性，即作家個體超越現實主體（世俗角色）的可能性。因為需要「超越」，需要從「現實主體」跳到「藝術主體」，這就需要作家的主觀能動性。所以我在論說「主體性」時也用較多篇幅講述主觀能動性，並說明作家的內心乃是一個內宇宙，「主觀能動」的空間極大，完全可以作一番「天馬行空」的事業。構思完成後，我自己覺得邏輯很「嚴密」，既不反對現實世界的「黨性原則」，又可提示作家進入文學創作時應當守持個性原則。

《論文學主體性》大約五萬字，我在一個月裏寫成。但是，連同閱讀與思考卻用了好幾個月。因此，交稿時已是一九八五年十一月了。接着，《文學評論》分作兩期發表（一九八五年第六期和一九八六年第一期）。《文學評論》的編輯主任王信和其他幾個主將賀興安、陳駿濤、王行之等，未和我商量，就決然把《論文學主體性》放在「頭篇頭條」隆重刊出。我雖為《文學評論》主編，但只是掛名而已，實際工作都靠副主編何西來和編輯部的優秀骨幹與同事。他們當時的思想極為開放，對於極左派的思想禁錮和思維僵化極為反感。所以他們也舉起「文學主體性」的旗幟，勇敢地吶喊。因為變革之心太切，排版時竟然把周揚的文章（剛發現的佚文）放在我的文章之後，因此，一九八五年第六期的《文學評論》出刊之後，首先回應的並不是「左派理論家」，而是文藝界的領導人馮牧等。馮牧直接給我打電話說：你竟然把自己的文章放在周揚之上，太狂妄了。他不聽我解釋就把電話掛上了。一九八七年浙江文藝出版社編輯《新時期文學理論大系》，我作為總主編，和出版社一起邀請文藝界的領導人張光年、陳荒煤、馮牧等參加。馮牧見到我時，仍然滿臉冷氣，說話帶刺。我知道他還在生我的氣，完全不給我一點「伸冤」的機會。

《論文學主體性》將會引發不同意見，我是有心理準備的。但是，有兩點倒是我始料不及，一是它竟引發了一場全國性的討論；二是竟招惹那麼多著名的作家、學者生氣甚至憤怒。在這些氣憤者中讓我留下深刻印象的有三個：

第一個是丁玲。她在我心目中是一位很傑出的老作家。她的《莎菲女士日記》和《我在霞村的時候》，是我認定的經典。後來雖不喜歡她的《太陽照在桑乾河上》，但仍然尊重她。一九八七年春節，那是《論文學主體性》剛發表後不久而迎來的節日。在此節日裏，由中央人民廣播電台主持（趙忠祥和另一位女主播），舉辦了一個「各界名人」的茶話會。規模很大，大約是四五十桌，每桌八個人。丁玲就在距離我五六桌的位置上。趙忠祥一桌一桌地介紹與會的嘉賓。先介紹了丁玲那一桌，介紹她的時候，她還發表了簡短的講話。介紹到我的時候，我看到丁玲慢慢地朝着我們的桌子方向走來。沒想到，她竟然走到我的身邊，滿臉嚴肅地說：「你就是再復同志，很好，你很有才氣。但我有一個問題要請教你：你講主體性，那麼，作家要不要有自己的立場？講主體性還要不要立場？」在她走到我身邊時，我立即站起來，聽完她的提問，我立即明白其問題的意思，就回答說：「作家當然要有立場，但是，他們在現實世界裏講政治立場，而在文學創作時，還是要回到文學立場。」丁玲老太太聽了很不高興，只說了一句「兩種立場是分不開的！」然後就掉頭走了。

第二個是姚雪垠。他也是我熟悉的老作家。他在《紅旗》雜誌裏發表兩篇長文（名曰《商榷文章》），之後又聲言這是「用馬克思主義重炮」來打開我的「新理論體系的缺口」。關於他對我的批判和我對他的回應，留待「生平史」中再細說，這裏從略。姚先生對我的批判本就惹人注意，加上我接受《文滙月刊》記者劉緒源的採訪並進行駁難，更使他怒髮衝冠，竟然宣佈要到法院起訴我。他一宣佈，事情就鬧得更大，以至變成全國的一大新聞。

第三個是胡繩。一九八七、一九八八年，胡繩是我所寄寓的中國社會科學院院長。我們個人的私交原本甚好，沒想到他卻完全反對我的「主體論」。後來我才知道，他批判過舒蕪的「主觀論」，認定我的「主體論」正是「主觀論」的翻版。其實，胡繩並不了解「主體論」。主體是指人、人類。有個體主體性，有人類主體性，有群體主體性。群體中的黨派、民族、種族、國家都可以有主體性。我講的「文學主體性」是個體主體性。就個體的主體結構而言，它既有個人的主觀意識部分，也有個人的客觀實踐部分。人可以是意識主體，也可以是實踐主體。主觀意識不等於主觀主義，客觀實踐也不等於客觀主義。在講述主觀意識時，我強調主觀能動性，這與胡風的「主觀戰鬥精神」確實相通。但是，這種能動性與戰鬥精神是作家必須具備的。以「主觀」擁抱「客觀」，這是文學創作的常態。胡風強調「擁抱」，我則強調「超越」，但都重視精神能動性。沒有主觀能動性就無法實現對現實主體、現實時空的超越。當胡繩約我到他家裏討論這個問題時，我認真地說明了自己的觀點，讓他非常生氣。關於這段論爭，我在《胡繩紀事》（另名《愛怨交織的往事》）一文中作了一些記載。

胡繩不同意我的「主體論」，但始終認為這是可以討論的學術問題。所以在他家裏爭辯時，他的第一句就說：「儘管我不贊成給你上綱上線，但我也不同意你的觀點。」而給我「上綱上線」、發表在《紅旗》（一九八六年第八期）雜誌的陳涌文章《文藝學方法論問題》斷言：「提出『文學主體性』不是枝節問題，也不是個別理論問題，而是直接關係到如何對待馬克思主義的基本理論問題，是關係到社會主義的命運問題。」這當然是誇張。也許因為陳涌把問題嚴重化與政治化，所以引起了香港和海外一些報刊的反彈。直到前幾年我到香港科技大學任人文學部的客座教授時，課堂裏還有學生問起文學主體性的問題，逼得我不能不又作了如下簡要的解釋：

在一九八五年和一九八六年之間，我在理論上嘗試超越現實主體，發表了《論文學主體性》。這篇論文的重心，就是講述創作主體的超越性。我的文章具有較強的歷史針對性。這篇文章之前，文學界普遍沒有把現實政治與文學創作分開，相應地，也沒有把作家的現實身份與進入創作時的藝術身份分開。實際上，每個作家都具有雙重角色和雙重主體身份：一種是世俗角色即現實主體（例如黨員、部長、革命戰士等），另一種是本真角色即藝術主體（例如詩人、作家、戲劇家等）。在政治現實層面上，你是黨員，當然應當講黨性；可是一旦進入文學創作，則必須講人性、個性、創造性，也就是說，當進入文學創作時，作家就超越了現實主體，也超越了現實中的黨性、紀律性等。我提出這種理念，自然對流行的「文學黨性原則」構成挑戰，所以論文發表後引起很大的爭論，受到很多批評。我歡迎批評，但政治上綱的批評使我無法繼續講清這個問題的各個層面。倘若給我充分講述的自由，我至少還得講述主體性之外的「主體間性」（外在關係）和內部主體間性（內在主體的語際關係），而且還得講述超越性的其他層面……文學主體性就是要充分展示藝術主體的本真本質屬性，即個性、我性、自性等等。總之，實現文學主體性，就是實現他人不可重複、他人不可替代的個性，就是超越黨派性、大眾性、世俗性而進入審美殿堂。

（摘自《什麼是文學——文學常識二十二講》，香港三聯書店，二〇一五年版）

《論文學主體性》引發了全國性的討論之後，我仍然繼續思考。一九八八年，我開始收集關於「主體間性」（也稱「主體際性」）的各派觀念，準備再寫一篇「論文學的主體間性」。可是，尚未着筆，我就在一九八九年離開故園走進芝加哥大學。雖然身處異邦異地，但還是牽掛着「主體性」學案，於是，又寫了

《再論文學主體性》。這篇論文，乃是對《論文學主體性》的補充，也是對國內批評者的一次溫和的、學術性的回應。此外，也想讓西方學界能了解我在說些什麼。因此，論文的第一部分便是「主體性命題的文化背景」。第二部分，我再次闡釋主體性的中心乃是超越性，即作家對現實主體、現實視角、現實時空的超越。所以小標題是「主體性的若干範疇和文學的超越性特徵」。第三部分的重心也在於此，小標題為「創造主體性：藝術主體對現實主體的反抗和超越」。

到了海外之後，我才發現，離開中國的語境，繼續講述文學主體性沒有多少人關注，除了校園裏極少數文學理論研究者之外，根本沒有別的人關注。在美國校園語境中，沒有論敵，沒有聽眾，沒有迴響。到了這個時候，才明白我的知音全在中國國內。在極端孤寂中，我甚至認為，「論敵」也是我所需要的。於是，我便放下文學理論，進入《漂流手記》的系列散文寫作（下文再詳述）。在學術上，則把閱讀思考的重心轉到文學史。因此，從一九九〇年初開始，我就產生一種「未完成」的遺憾：遺憾沒有把「文學主體性」的研究課題加以完成，遺憾才剛剛說了一些話就中斷了。這種遺憾，直到現在還常常湧上腦際。去年（二〇一四年）在蘇州大學開了一個「八十年代文學理論討論會」，劉鋒傑教授（經林建法兄轉達）邀我參加。我在給劉鋒傑先生的信中還念念不忘這個遺憾，信中我說：

說起八十年代的文論，我總是遺憾。因為那是一個未完成的時代，我自己也是一個未完成。以「論文學的主體性」而言，我才剛講了「主體性」（剛走了第一步）就中斷了。按正常的思想邏輯，第二步還得講「主體間性」（或稱「主體際性」）；第三步（八八年才想成熟）再講「內在主體間性」。第二步哈本瑪斯講得較充分，但不是在文學範圍內進行。而第三步，則完全可能只屬於中國學者。因為我們有高行健寫出的人稱小說《靈山》可作依據。《靈山》的內部主體三坐標（你、我、他）所形成的複雜語際關係，把佛洛伊德的靜態內主體（本我、自我、超我）化為動態的主體際性，正好讓我們可借此講些他人未曾說過的理論。可惜我們錯過了時間，錯過了獨創的可能。再如「懺悔意識」，也是剛一提起就煙消雲散。此一理念題目好像很老，其實它牽涉到人性的真實與靈魂的真實，也牽涉到作家的「大悲憫」等精神深度。幸而到海外後，我和林崗還合著了《罪與文學》，從而表述了一部分思想。（二〇一四年十月十一日）

第五章

為了現實對話的傳統批判

一九八七年，劉再復（左）與錢鍾書（右，時任中國社會科學院副院長）一起接待來自意大利的外賓（中），錢先生全力支持劉再復的《論文學主體性》。

《性格組合論》出版之後和《論文學主體性》發表之後，我的心態是：「文學理論的變革，我已盡了責任了，接下去，我得從理論熱轉向文化熱了。」於是，從一九八六年到一九八七年，我便開始關注文化。那時我對祖國的現代化事業充滿熱情和期待，覺得文學理論的變革，還不足以表現我滿心的熱望。只有通過文化批評，才能使自己的人民擺脫因襲的重擔。當時我想到，實現「人的現代化」才是當務之急。

光有「心願」還不行，重要的是落實。於是，我注意到研究所裏的年輕才俊林崗。林崗那時還不到三十歲。我擔任所長的時候就把他破格提拔為副研究員（不到三十歲的副研究員，在社會科學院裏可能是唯一的）。《光明日報》為此事還特別作了報道。當天，錢鍾書先生讀了這一則新聞，還特地打了電話給我，說你破格提拔林崗是對的。我所以看中林崗，並不是因為他的出身（他是廣東省委第一書記林若的兒子），而是因為他很有思想。每次和他交談，無論是談論中國近代史還是中國古代史，他都有真知灼見。而對於中國的國民性，我們更是有許多共同的想法。他是一個高幹子弟，但質樸得像一個農家子，和我很合得來。出乎我的意料之外，他竟然和我一樣，也認為「人的現代化」、「知識分子的現代化」，其關鍵是構建「獨立人格」。我們談魯迅，談現代人文書籍，覺得魯迅所以寫作《阿Q正傳》正是痛感中國人太多病態人格，太多奴隸性。有一回我們一起散步，我說：美國任何一個總統，包括列根，絕對發動不了文化大革命。我們的國家所以能發動起來，就因為我們的「人民群眾」缺乏「獨立人格」。我記得他回應說，魯迅批判中國人很喜歡圍觀，他在一篇雜文中說，如果你吐一口痰，然後自己先站着看，接着一定會有人隨之圍着看。如果有一個人大叫一聲「走了」，其他人也會跟着走散。這種一哄而起、一哄而散的性格，歸根結底是缺乏獨立人格。由於心靈相通，我們就商定共同寫作一本批判傳統的書。他說他已寫出《論中國文化對人的設計》的一篇論文，我讀了之後，覺得好極了。文中對「主奴根性」的剖析寫得特別精彩。我覺得中國人的病根正是在「主人」與「奴隸」這兩個角色裏不斷互換。當主人時是「獸」，當奴隸時是「羊」。

記得當時我對林崗說：文化大革命中總是在兩個角色中互換，要麼是「看守」，吆喝別人；要麼是「囚徒」，任人吆喝。不管充當哪個角色，其實都是他人操縱的傀儡和器具。換句話說，不管是主人、看守的獸性，還是奴隸、囚犯的羊性，都不是理性，也沒有人性的尊嚴。由於思想的合拍與相通，我們決定共同合著《傳統與中國人》。一九八七年我實在太忙，顧此失彼，所以要求林崗多執筆，而我盡可能出些思想，最後，我只執筆總論和附論。商定了之後，兩個人就拚命讀，拚命寫。到了一九八七年底，初稿就完成了。拿着沉甸甸的稿子，我們一起去找北京三聯的社長范用先生。他很快就讀完書稿，並選定董秀玉為責任編輯（她很快就被提拔為三聯總編）。秀玉因工作太重而病倒住院，我到醫院裏去看她時，她的病床上還放着《傳統與中國人》的稿子。她雙手顫顫巍巍地拿着書稿說：我腦子一清楚就看，陸陸續續已讀完了，出院後就發稿。看到她滿臉病容還在說我們的書稿，真讓我感動不已。那個瞬間，我想到：唉，所謂文化事業，不就是這樣一個字一個字地寫出來又一個字一個字地讀下來，然後又是一個字一個字地印刷出來的事業嗎？秀玉真了不起，發燒了，還是一個字一個字地讀下來。

半年之後，即一九八八年五月，三聯終於正式出版了《傳統與中國人》。范用先生親自作封面設計，封面的左角邊是一個阿Q像，它意味着此書乃是對中國國民性的「繼續批判」，承繼的是「五四」新文化運動的新傳統。出書時，我第二次見了范用先生。本來是想說幾句感謝的話，還來不及開口，范老反而一見面就道謝，他說：謝謝你和林崗給我們新書。這些年我們靠「炒冷飯」過日子，你們的書可以讓我們吃新飯了。那個瞬間，幾句誠摯的話，一直刻在我的心裏。從那一刻開始，我們也成了忘年之交。在海外的日子裏，他是最關心我的老人，每年都給我寄賀年卡，有時直接寄，有時通過香港天地圖書公司的劉文良轉送。我在《常常想念您，范用先生》和《三聯三代皆好友》兩篇散文中，略有記述。能和范用這位純樸、正直、和藹可親、有勇有識的人交往，我的人生真增添了許多溫暖。現在范老已經逝世，但我心中總是常有他的微笑和勉勵。范老，范老，您多麼可敬，又多麼可愛啊，您的人生才是一本最美麗的書籍！一本讓我永遠品嚐不盡、體會不完的書籍！

漂泊到海外之後，特別是思索的重心「返回古典」之後，大約是因為在海外安靜的環境中重新認真閱讀故國古代的經典，因此，我從一個故國的「土地崇拜者」變成了一個故國文化的崇拜者。所以對《傳統與中國人》的寫作基本點（即以「批判」為基本點），有所反省，而且從「批判」的基本點轉向「開掘」的基本點。當然，我也不放棄批判，甚至寫了《雙典批判》一書，然而，批判對象變了。我批判的是崇尚暴力的《水滸傳》和崇尚心機權術的《三國演義》，而對中國文化的大傳統儒、道、釋的深層內涵，則認真開掘了。尤其是對於集三大文化精髓的《紅樓夢》，我更是愛入心胸，愛入血脈，愛入骨髓。儘管我和林崗沒有寫出重新認識傳統的文章，但在二〇〇二年香港牛津大學出版社再版《傳統與中國人》時，我們在前言中作了一點解釋，含蓄地說明在八十年代末寫作此書時偏重於人文學術「主觀性的那一方面」，即偏重於在當時的「社會情景之下與現實的對話」。說得明白一些，便是借批判傳統以批判現實。即現實社會中種種醜陋的國民性格，依然是我們寫作的出發點。總之，《傳統與中國人》的寫作，還是沿襲「五四」新文化運動那種「審父」思路，對父輩文化與祖輩文化的弱點還是進行尖銳的鞭撻。

第六章

走出共犯結構和中西文學的宏觀比較

二〇一四年，劉再復在香港科技大學人文學學院「客座」期間，給科大教授常成暨夫人李佩樺書寫「得大自在」。得大自在，正是劉再復在海外的心境。（李佩樺攝）

在與林崗共同思考傳統與「人的現代化」課題的同時，我們還共同思考另一個重大課題，那就是文學中的懺悔意識。一九八六年我在「新時期文學十年」全國研討會上作主題報告時，就提出一個觀點：新時期文學的精神弱點乃是「批判有餘，懺悔不足」，即審判時代的作品很多，但缺少審判自我的作品。我當時覺得，文化大革命是我們（全國各階層的人，從上到下）共同創造的一個錯誤的時代，每一個人都有一份責任。意識到責任（不是法律責任，而是良知責任），便是「懺悔意識」。我和林崗討論時還想到，中國歷來的政治，都是「替罪羊政治」。發生了大錯誤，就抓幾個替罪羊懲罰，其他人（從皇上到平民）都把責任推到替罪羊身上，而自己則是乾乾淨淨，萬事大吉，完全沒有「責任承擔」意識。在文學中，則是罪惡全在「幾個壞人」身上，壞人一除，冤案一結，便一了百了。作品並不表現罪人自身靈魂的掙扎，完全沒有良心責任的牽制（懺悔意識的呼喚），因此也不可能產生像莎士比亞的《麥克白》那樣深刻的作品。我和林崗都認為，要真正從「靈魂深處」吸取文化大革命的教訓，要真正在「思想深度」上提升我國當代文學的水平，必須從「審判自己」開始。作家也只有首先「審判自己」才有資格「審判時代」。我非常讚賞巴金的《真話集》，就因為他擁有懺悔意識。可是，我的《論新時期文學的主潮》在《人民日報》上刊登之後，立即遭到某領導的強烈反感，他質問道：「我要懺悔嗎？共產黨要懺悔嗎？」這是他打電話給《人民日報》編輯部時大聲吶喊的。編輯部回應說：劉再復只是一家之言，我們明天就會發表不同意見的文章。也因此，編輯部裏的朋友事先給我打招呼：明天將發表兩篇不同意見的文章，請你理解。該領導因為身居政治高層，他把「懺悔」二字聯想到黨和他自己，難以接受，我是可以理解的，讓我意想不到的是，我所尊敬的老作家夏衍也在《光明日報》中表示：日本侵略中國，應當懺悔的是日本軍國主義者，而不是日本人民。看到《光明日報》的新聞和夏衍的談話之後，我才感到談論「懺悔意識」並非易事。除了聽到領導人的反應之外，我還聽到幾位好心的朋友傳達「社會」上的反應：「講懺悔意識是在替『四人幫』開脫罪行，鼓吹錯誤人人有份。」

在精神壓力日增的情況下，我和林崗決定，應當寫一部學術專著，把「懺悔意識」講深講透。可是，剛剛下了決心而分頭閱讀的時候，一九八九年的政治風波發生了。這年八月，我抵達芝加哥大學東亞系。一落腳，我就念念不忘這個重要課題。第二年，我得到李歐梵（東亞系）和郭楓先生（基金會）的支持，把林崗請到芝大一年，正式進入《罪與文學》的寫作。剛出國頭兩年，是我最孤獨的時候，林崗的到來，讓我高興到極點。他就住在李歐梵為我租借的大房裏，我們除了一起參加學校的各種講座活動之外，就是討論《罪與文學》這一課題。充實的精神生活很快地取代背井離鄉的寂寞。那個時節，我和林崗都進入很深邃的精神層面，初步寫出來的章節，學術性也很強。可是，林崗訪學的一年期限很快就滿了。我本來想把林崗再留一年，但是鄒讜教授（芝大政治系講座教授）讀了《傳統與中國人》之後非常欣賞，他告訴我：像林崗這樣的難得之才，應當讓他到哈佛大學費正清研究中心去進修、訪問半年。還說他立即寫份英文推薦信，而我寫一份中文推薦信，一起送給傅高義教授。結果很快就得到傅高義教授的應允。林崗到了哈佛大學費正清研究中心之後非常受重視。當時傅先生正在寫作《廣東在前進》，林崗這個廣東小地保，自然是特別受歡迎。後來傅高義教授出版了《鄧小平傳》而接受記者採訪時談到林若，還說「我和他的兒子也成為朋友」。

結束哈佛的訪學之後，林崗就回國了。回國之前，我們約定，一定要把《罪與文學》寫成。一九九八年，我和葛浩文教授策劃主持「金庸小說與二十世紀中國文學」國際學術研討會，又把林崗請到美國。相逢時，我們再次商定，務必在二〇〇〇年之前讓《罪與文學》脫稿。我們分頭執筆（大約一半對一半），終於如願以償，在二〇〇〇年完成了此書的寫作。二〇〇二年由香港牛津大學出版社正式出版。

很可惜，這部我最滿意的學術著作未能在大陸出版。國內的學界大約不知道有這本書，反而是台灣學界首先關注了。二〇〇五年我到中央大學「客座」時，中文系教授、《紅樓夢》研究家康來新教授告訴我：此書在人文學院裏是教師推薦給學生的必讀書。我曾給仍在北京三聯主持工作的董秀玉打電話，詢問三聯能否出版，她讀了之後告訴我，整部書的學術水平是足夠了，就是最後一章（寫高行健的一章）能不能先拿下來？我知道她的難處，但又覺得拿下來無法面對行健兄，所以就放下出書的念頭。直到二〇一〇年，中信出版社的周青豐先生主動要求出版我的書系，清單中也有《罪與文學》，我當然很高興。青豐年輕有為，有識又有膽，終於讓《罪與文學》在國內問世了。

此書的寫作，我稱作「十年磨一劍」，即從一九九〇年開始思考，寫作到二〇〇〇年完成，整整十載。我之所以比較滿意，一是因為寫得很認真，學術性的確較強。二是因為我們借助這一題目，實際上對中國文學與西方文學作了一次宏觀性的比較，發現中國自古到今的文學，只有「鄉村情懷」，缺少「靈魂呼告」。這與中國大文化裏「上帝缺席」的狀態相關。第三點是我們從懺悔意識（良知責任與靈魂維度）的視角對我國的現代文學和當代文學作了一次別開生面的總結。這不是一般化的總結，而是以世界文學為參照系的總結。第四，我們在此書中提出一些具有原創性的概念，例如「共犯結構」、「共同犯罪」、「無罪之罪」、「超越視角」、「靈魂維度」等等。如果是在八十年代，這些概念與論述，一定會引起極大的爭論。儘管此書尚未得到充分的注意，但林崗和我都確信，二三十年後，《罪與文學》將會被廣泛關注和研究。

第七章

第二人生的自救性寫作

二〇一六年秋天，劉再復於香港科技大學高級教職員宿舍。（李佩樺攝）

一九八九年秋天，我來到芝加哥大學東亞系。那時好友李歐梵教授正好擔任東亞研究中心主任，並從「魯斯基金」那裏申請到二十四萬美元，便讓我和李陀、甘陽、黃子平等流亡朋友作為「訪問學者」駐紮下來。從而形成著名的芝加哥大學中國流亡者群落。

從一九八九年秋到一九九一年秋，整整兩年，我就在這個「流亡者部落」裏生活，那時李歐梵像家長似地照顧着這一群來自北京的「淪落人」。我戲稱他為流亡部落的酋長。他和李湛忞（人類學學者）、查建英（自由作家，正在與李戀愛）為我們每個人租好房子，每個月還發給我一千美元的生活費。當時首先必須學會說話，李歐梵就請尚在芝大攻讀博士學位的劉意青（後來到北京大學擔任教授）教我們英語（她是很好的老師）。課室就設在我的臨時寓所，聽課的除了我和我妻子陳菲亞及李陀和黃子平之外，後來加入的還有李陀的前妻張暖忻（電影導演）。許子東、蘇煒也偶爾參加。我們都很努力，可惜，那時我已四十八九歲，舌頭硬了，發音不準，說起英語，美國人聽不太懂。因此每次科羅拉多大學東亞系開 party，我總是心理負擔很重，幸而系裏的老師中文都講得很好，還是可以愉快地交談。

每逢週末，這個流亡者部落就會在我的家中聚會，說說國內國際形勢。那時和我住在一起的還有原是文學所的研究者蘇煒。第二年他移居到普林斯頓。他走後林崗到芝大東亞系訪問一年，經費由魯斯基金會和台灣郭楓基金會贊助，也住在我的寓所裏。在芝加哥大學的兩年中，儘管周圍有許多朋友，甚至還有特別關心我的老先生鄒讜教授與他的夫人盧懿莊教授（我每次講座，二老總是去聽），但我還是經歷了人生最孤獨、最寂寞的時刻。我本來就是一個戀土情結很重的人，一旦離開故鄉故國就屈指回程的日子。這回被拋到大洋的另一岸，連根拔了，面臨着的是無邊的時間的深淵。我怎麼也沒想到，一年前還在研究所裏指手畫腳，身心緊緊地擁抱着大時代，今年卻被拋到異鄉異國，無依無着。那時候有些流亡者信心十足，誤判形勢，以為過兩三個月形勢改變就可以回國。而我卻很明白，這只是妄念，不可把幻想當作現實。我意識到，沒有邊際的第二人生開始了，此次人生將要在天涯海角渡過。這是另一個國度，另一種規範，另一樣生活。一切對我都很陌生，一切都沒有心理準備。況且，母親、女兒還在國內，僅僅刻骨的思念就足以把我摧毀。那時打越洋電話，一次得花費幾十美元，我沒能力打，只好不斷寫信，給母親寫，給女兒寫。第二人生第一頁的「寫作史」，可以說就是書信史。這些信，有的還收入十年後才出版的《共悟人間——父女兩地書》（和劍梅的通信），有的則隨風消失。我自己快撐不住了，還得竭力安慰母親、女兒，當時我不僅有一種刻骨的孤獨感，而且還有一種透不過氣的窒息感，天天都覺得自己落入海裏，快被淹死了。夢裏被淹死了好幾回。我意識到自己的生命和精神正在經歷一場空前的危機。也意識到，唯一的出路是「自救」。我不像別人還心存幻想，也不像有些朋友那麼喜歡西方，我是一個不可救藥的故土崇拜者，總是眷念着那片黃土地。心理的傾斜度比別人多十倍、百倍。那麼，如何「自救」呢？在極端苦悶中，我終於想到，自救之路就在自己的手上。你的手，你的筆，你的紙張，你的方格，全是你的路。對，寫作，重新寫作，這就是路。把當下的孤獨、寂寞、無助、思念全都宣洩出來，這就是路。早些年不是在閱讀魯迅所譯的《苦悶的象徵》（日本廚川白村所作）嗎？此刻就應該把大苦悶象徵出來，放射出來。寫出來後沒有地方發表，不要緊，它可以成為「藏書」、「焚書」（李卓吾的概念）。能放射出來、宣洩出來就好。能放射，能宣洩，就能活下去，不要猶豫，不要尋求寫作目的，不要尋求發表，不要尋求回應，此刻就拿起筆寫作。於是，我決心寫作散文，並開始着筆。事情真巧，就在一九九〇年我最苦悶也是下決心寫作的時候，陳若曦大姐來了電話，她說她得到贊助，將創辦一個名為《廣場》的刊物，讓我投稿參與。我當時手頭已有十來篇散文，就滿口答應，說我可以給《廣場》一組「漂流手記」。於是，就以此為題，一篇一篇寫作，沒想到，後來寫了整整十卷。從一九九〇年至一九九九年，出版了《漂流手記》、《遠遊歲月》、《西尋故鄉》、《漫步高原》、《閱讀美國》、《共悟人間》、《獨語天涯》、《滄桑百感》、《面壁沉思錄》和《大觀心得》。第一卷《漂流手記》先在香港天地圖書公司出版，之後台灣的風雲時代出版社也出了一版。此卷中的《漂泊的故鄉》、《心靈的孤本》、《瞬間》、《孤獨的領悟》、《生命的空缺》、《草地》、《遙遠的狼嚎》、《接近死亡的體驗》等等，都真實地記錄了我當時的漂流心態。尤其是《漂泊的故鄉》，我如此寫道：

兩年前，我開始在異國漂流的時候，好像不是生活在陸地上，而是生活在深海裏，時時都有一種窒息感。這種感覺無邊無際，彷彿就要把我淹死。我知道，產生這種感覺唯一的原因就是因為失落了故鄉。

故鄉的一切都是我需要的，無論是森林、草原、沃野還是沙漠、洪水、荒灘，也無論是慈母、親朋還是敵人，哪怕是山林裏那些被我追趕過的醜陋的野豬和被我捕殺過的小老鼠，也是我需要的。我愛故鄉，包括愛故鄉的貧窮，我永遠不會嫌棄貧窮的父老兄弟。

然而，我卻被故鄉逼走了。我意識到自己開始漂流。故鄉橫貫東方的大陸，非常遼闊，人群多得像沙粒、小草和螞蟻，它決不在乎減少一粒沙、一株草和一隻螞蟻。故鄉告別動物界後的歷史很長很長，但仍然很野蠻，至今還常常玩着原始的遊戲，還會殺戮和逼走自己的兒女，但我仍然愛故鄉。當然，我不是愛那些殘酷的遊戲。忘記過了多少日子，我的窒息感消失了。再也沒有被淹死的恐懼。這也和故鄉有關，因為我在另一個世界裏又發現了故鄉。這個故鄉，就是漂泊的故鄉。

故鄉在很早以前就開始在西方漂泊了。這裏的土地埋着許多漂泊者的屍首。在這個同樣也很遼闊的地面上，到處都有我熟悉的黑頭髮和黃皮膚，到處都有故鄉的小鎮、書籍、衣飾、大瓷瓶和花生糖，還有孔子、孟子、莊子和數不盡的來自故國的滿臉憂思的照片和學說。故鄉昨天就開始漂泊，今天又同我一起漂泊。

今年五月，我和歐梵等幾位朋友在洛杉磯觀賞了一個德國現代藝術展覽會。在法西斯橫行的時代裏，這些作品被納粹稱為「墮落藝術」也被展覽過，創造這些藝術的畫家也被迫流亡。然而，時移境遷，當年納粹眼裏的「墮落藝術」和精神污染，今天卻變得光彩奪目。了解德國這群漂泊到北美的藝術天才，才知道他們想的和我想的很不一樣。他們不是覺得失落了故鄉，而是認為自己帶着故鄉到海的另一岸，而且帶着的是故鄉最高潔的部分。本世紀最傑出的作家之一托馬斯·曼的一句話放在展覽品的前列，像是展覽的序文，他說，我雖漂流到國外，但祖國文化就在我身上。此時我才領悟到，故鄉和故鄉文化也在我的潺潺流動的血脈裏，它也和我一起浪跡天涯。我的用象形文字構築的書籍，我的書籍中的象形文字，也是故鄉。難怪，當我的文字被禁止的時候，我聽到了故鄉躁動的聲音。我是故鄉的一部分，生活在故土的朋友和敵人都與我息息相關，或緬懷，或仇恨，都在證明故鄉和故鄉文化也在我身上。

我背負着黃土地漂流的時候，也像在故國那樣，照樣在圖書館裏尋找荷馬、但丁和歌德，尋找托爾斯泰、陀斯妥也夫斯基與福克納，也尋找柏拉圖、孟德斯鳩、康德與馬克思。女兒讀着英文版的莎士比亞，我則讀着中文版的莎士比亞。他們的書籍，也是我的根，我的精神家園，這是和長着稻麥的家園不同的哲學家園和藝術家園。這個家園不是坐落在地上，而是飄浮在我的頭頂和我的眼中，它沒有泥土的香味，但有乳汁與果實。我從小就在這些家園裏採集過童話、文采和思想。安徒生的賣火柴的小姑娘早就是我兒時的朋友，我知道要給人間一點光明和溫暖，自己一定會站在黑暗與寒冷的雪地裏，這個道理就是她告訴我的。進入少年時代之後，哈姆雷特、浮士德、娜塔莎好像就生活在我的村莊裏，為了替安娜．卡列尼娜辯護，我確實和同學打過架。即使到了一九八九年，當我在被死神追趕的路上，於恐懼之中，還想到基督和浮士德，可見，在我生命的深處，他們也是我的理性的泉水。我的根不僅連着莊子的鯤鵬與蝴蝶，也連着海明威的老人與海。泉水、蝴蝶、海、王子、美麗的藝術之星，伴隨着我作精神的流浪，他們全是我的漂泊的故鄉。

對於故土，我已不再像兒時那樣混混沌沌，只會在母親的身上爬動，除了尋找母親的乳房之外，什麼也不懂。一旦離開了母親，就哇哇大哭。其實，到處都有漂泊的母親，到處都有靈魂的家園。

一九九〇年十一月

思念故鄉，尋找故鄉，重新定義故鄉，後來便成為十卷《漂流手記》的第一主題，手記的第三卷我乾脆把它命名為《西尋故鄉》，直接給故鄉一個新的定義，這就是故鄉並非地理意義上的故鄉（不是地圖上一個固定點），而是靈魂的帳篷、情感的歸宿。哪裏有自由，哪裏有知音，哪裏就是故鄉。在《西尋故鄉》一文中我寫道：

一

離開故鄉之後，我又在尋找故鄉。

我尋找的不是地理意義上的故鄉，而是情感意義上的故鄉。地理上的故鄉一打開地圖就能找到，而尋找情感上的故鄉，卻行程無邊，道路漫漫。

二

我開始用世俗的眼睛尋找，並找到我的第一個故鄉，這就是溫暖而佈滿芬芳的母腹。我在母親的腹中吮吸了最原始的生命激情，然後長出雙翼，飛向人間。第一個起點就規定了故鄉的意義。故鄉，就是愛，就是那個用愛緊緊包圍着我而我也用愛緊緊地擁抱着它的地方。

三

我的第二個故鄉是我父親的肩膀和身軀。當我在母親的乳汁的灌溉下生長出可以蹣跚走路的雙腳時，就以微笑選擇了另一片土地。我的父親匍匐在地，讓我爬到他的背上，像溫和的老牛任我驅馳。母親說，她第一次聽到震撼肺腑的笑聲，就在這一時刻。我太高興了，指令充當牛馬的父親站立起來，然後讓他把我舉上肩膀，我在高高的父親的肩上第一次把眼光放得很遠，看到天穹的寥廓和大地的浩茫。父親的脊背與肩膀成了我的盤石般的第一記憶。以後想到祖國，就想到父親的肩膀和脊樑，那個願意讓兒女當作牛馬、為兒女負載着全部歡樂與渴望的就是祖國，具有永恆慈父意義的地方就是祖國。

祖國，是我的最可靠的父親的肩膀。

四

美國作家托馬斯．沃爾夫說：「人生最深刻的追尋，是對父親的追尋，這不僅是一個血緣關係上的父親，而且是一個力量和智慧的化身，一個外在的、超越了他的飢渴的可以將他生活的力量和信念統一起來的形象。」精神生命的象徵，人生長河的源頭，把你高高托起的力量與信念，這才是父親。人類從埃斯庫羅斯的《俄狄浦斯王》開始，就展開了對父親的尋找，命運之謎永遠連結着那一個首先把你拋到人生大海中的生命之父。

我在年幼的時代就失去父親，連父親的照片都沒有。因此，我從少年時代開始就一直把祖國當作父親。進入青年時代，我又從魯迅的「俯首甘為孺子牛」詩句中得到關於祖國的意義，知道祖國充當兒女的牛馬，用自己廣闊的肩膀為兒女鋪設人生的黎明之路是不會感到羞恥的，人類的慈愛之心永遠和太陽一樣光榮。我固執地把祖國的概念和牛馬的概念疊在一起，並喜歡毫不顧忌地指責祖國的錯誤。因此當我發現那些以祖國的名義把自己的孩子當作牛馬，把優秀的兒女送進牛棚，用韁繩和皮鞭對準敢於直言的兄弟時，我大聲抗議：皮鞭、鐐銬、牛棚與坦克的履帶不是我的祖國，我的祖國是仁慈的父親，是那些把孩子擁抱在懷裏和把孩子舉得高高的父親。

五

我的生身父親早就去世了，而我的母親已經蒼老，然而，我永遠感激他們。他們是教會我故鄉意義的第一雙老師。是他們告訴我：故鄉就在一切和平的、溫柔的身軀裏，就在一切你愛他、他也愛你的心靈裏。為你枯萎的母親的白髮，讓你枕着頭顱的妻子的懷抱，把你雙唇上的苦味化作甜蜜的女兒的臉頰，使你在傾斜的山坡上行走感到安全的兄弟的手臂，替你洗掉一切傷痕的朋友的目光，容你終身在心頭繚繞的愛的歌聲，就是你的故鄉。祖國也不神秘，祖國就是愛的故土和陽光的故土，當潮平乎的黑暗包圍着你的時候，突然一束陽光照明海岸，那陽光，那海岸，就是你的父母之邦。祖國永遠承擔着父親的意義和太陽的意義，那些失去父親意義的祖國不是祖國。當那些被稱作祖國的地方失去父親和太陽的意義時，我們就要從書本裏、大自然裏和人類各種偉大心靈裏感受陽光。那些把陽光照耀到你的心內重新為你點燃一朵朵生命火焰的，正是你的祖國。你的祖國就在你心愛的書頁裏，就在你跋涉沙漠而充滿飢渴時迎接你的綠洲裏，就在世界被醜惡所扼制時卻為你展示繽紛五彩的藝術畫廊裏。

在遠遊的歲月中，父親的靈魂一直在提示我：勇敢地展開你的生命，人類文化的偉大肩膀永遠不會崩潰，他們像落基山、像阿爾卑斯山、像珠穆朗瑪峰一樣堅實可靠。中國與世界的傑出兒女都是站在這一偉大肩膀上的巨人。不要忘記這一肩膀，不要忘記這一偉大的故鄉。你所以會感到無依無助，你所以會為失去故土而驚慌失措，就因為你遠離了這一偉大的肩膀。

父親的提示使我年輕。使我像兒時一樣，總是張開好奇的眼睛尋找提供生命滾爬的原野與鄉野，從一座森林走向另一座森林；又總是敞開靈魂的窗戶，在書頁裏吸收乳汁與星光，從一個天才的山脈走向另一個天才的山脈。

《漂流手記》的第二主題是展示我從第一人生轉向第二人生時的感受。這是生命裂變的感受，艱難轉世的感受，重新尋求靈魂支撐點的感受。在《瞬間》中我寫道：

……人的生命也如大自然的生命一樣，常在瞬間完成了精彩的超越，生命的意義就蘊含在一剎那的超越之中。在一剎那間，生命突然會奇跡般地湧出一個念頭，一種思想，一股激情。這種不知來自何方的念頭與情思，強迫你立即作出判斷和抉擇。在那一瞬間，你並沒有意識到此時此刻的判斷和選擇如此重要，然而，正是這一時刻的選擇，使你的生命意義和生命形式發生了巨大的變動。也許，就在這一瞬間，你的靈魂已經跪下，成為魔鬼的俘虜和合作者；也許就在這一瞬間，你的靈魂往另一方向飛升，穿越了龐大的痛苦與黑暗，甚至穿越了殘酷的死亡，實現了靈與肉的再生。這一剎那，就是偶然，就是命運。

我常常感到瞬間的神秘。這種難以描述也難以測量的力，可以摧毀一切，包括摧毀堅固的秩序和被稱為「必然」的許多龐大的規範和權威，也可以摧毀自己在內心中營造多年的全部精神建築。然而，這種力也會把智慧之門突然打開，讓生命增加許多奇氣。很多長久折磨過我的困惑和許多長久煎熬過我的書本上的難題，就在瞬間中消解了，明白了。我覺得自己對於自身的存在和自身之外的其他無窮存在的領悟，就實現於瞬間之中。

瞬間，還常常改變自然時空與現實時空的程序，使過去、現在、未來，全躍動在我的思緒裏。瞬間中，我可以馳騁於古往今來的滄桑之中，感悟到生命的短暫，也感悟到生命的永久。近代大哲人海德格爾關於存在與時間的學說，最初是否也發生在瞬間的感悟之中呢？他對宇宙、社會、人生暫時的關懷和永久的關懷，以及兩種關懷之間的思辨，是否就在一個頃刻之中萌動呢？

我常常感到我的週遭到處是圍牆，我就生活在圍牆的籠罩之中。然而，就在一剎那間，我突然會完成一次勇敢的突圍和穿越高牆厚壁的嘗試。此時，我沒有意識到危險，更沒有意識到死神已逼近我的身邊。只是在這一瞬間過後，我才意識到危險已被我戰勝，死神已被拋在遠處，我的生命已獲得了一種新的證明。我為自己高興，並感到生命並不脆弱，就像從夏樹飄落而下的葉子，不是死亡，而是進入厚實的大地給秋作證。秋是美麗的，值得我為她作證。

當我發現自己沒有被他人他物所確定的時候，真是高興，因為我知道被確定的生命是沒有活力的。只有不被他人他物所確定的生命，才有屬於自己的綠葉、黃葉與紅葉，才有屬於自己的生長、發展、飄落以及再生的故事。我真高興，我將繼續經歷許多突然降臨的春夏秋冬和突然而來的一剎那。既然能看到瞬間的飄落，就能看到瞬間的萌動和瞬間的大復甦。瞬間雖然無定，但我信賴它。

在《第二人生之初》一文中（《遠遊歲月》），我則記錄了生命裂變的最初狀態：

在一九八九年那個怪誕的夏天裏，一顆子彈穿過我的心，然後把我的人生劈成兩半：一半留在大陸，一半被拋入海中。於是，作為漂流的海客，我在大洋的另一岸開始了另一人生，這就是第二人生。

很奇怪，第二人生之初，竟然酷似第一人生。

第一人生的開始，自然是從母腹中誕生的那一瞬間。母親告訴我：那一瞬間，你和別的孩子一樣，一墜地就哇哇大哭，哭得眼淚流進屁股。我相信，在切斷和母體相連的臍帶的一剎那，我哭得很凶很醜。為什麼所有的孩子一降生就大哭？難道孩子們都天然地預感到此後將走進充滿荒謬的必須廝殺才能生存的人間嗎？難道在混沌中他們也明白人生的起點正是通向死亡的起點嗎？

我不想作無謂的猜測，只想說，我的第二人生也是從切斷和母親相連的臍帶開始的，而且，在斬斷臍帶的那一瞬間，又是一場痛哭。此次丟棄在海裏的臍帶是故國巨大的臍帶，沒有形體，沒有顏色，但我看得清清楚楚，它分明緊連着我的恐懼悲傷的姐妹。此時我還記得，在切斷臍帶的那一刻，我踏上陌生的土地，突然忘記母腹中那個曲腸百結的令人窒息的世界，只感到眼前高樓壓頂，所有的道路只是一條裂縫。於是，焦慮，不安，惶惑，眼淚簌簌而下。然而，在這一次痛哭之後，我很快就大徹大悟：應當接受劫難，接受大寂寞，接受為了靈魂清白的殘酷代價。一旦徹悟，我就不再哭了。整整三年，我不再流淚，只有冷靜的思索，不像第一人生之初，哭得沒完沒了，總是期待着母親的撫慰和憐憫。

我至今還記得處於第一人生時不斷哭泣的情景，記得母親總是用乳房堵住我的嘴，倘若繼續哭，母親就打我的屁股，打了之後，我哭得更凶。最原始最弱小的抗議就是哭泣。直到長大之後，我才知道，人間並沒有哭泣的自由。假如在那個炎熱的夏日裏，允許我為死者哭泣，我是不會辭別故鄉故國的。而今天，我身處天涯海角，沒有人可堵住我的嘴，我卻不願意哭了。我擁有比哭泣強大得多的聲音。

第二人生之初真的很像第一人生。這三年，我又經歷了一次兒童蹣跚學步的時期：學自立，學走路，學說話。新生活伊始，什麼都不會，什麼都需要他人扶持，為了自立，真跌了許多跤，鬧了許多笑話。為了會走路，從買車票到買飛機票，一樣一樣從頭學。最難的還是學說話，天天嘟嘟嚷嚷地學外語，跟着老師把一個單詞唸上十遍二十遍。第二人生的舌頭可沒有第一人生之初的舌頭那麼軟那麼靈巧，真是有點硬化僵化了。幸而第二人生的臉皮比第一人生的臉皮厚得多，錯了也不害羞，老是被女兒嘲笑，先是被當博士生的大女兒笑，後又被當中學生的小女兒笑。可是，兩三年後她們就不再笑了，她們發現硬舌頭也會變軟，而且發現，在電話裏用英語談情說愛，全被裝傻的爸爸聽懂了。真的，我用笑報復了女兒的笑。

第二人生之初，我已從哭進入笑，但此去的人生還很長。和第一人生一樣，渡過兒時的哭笑，一定還會有漫長的跋涉。不過，我既然已經學會直立和走路，就不怕山高水遠了。

一九九二年九月

《漂流手記》的第三個主題是對美國的「閱讀」與對世界的「閱讀」。出國之後，起初陷入憂傷，但慢慢就習慣美國的生活，並開始張開眼睛看美國、看世界。從芝加哥大學轉到科羅拉多大學，在這三四年裏，我又受邀到日本、瑞典。尤其是在瑞典擔任斯德哥爾摩大學客座教授的這一年裏（一九九二年秋至一九九三年秋），我借天時地利，到了歐洲的挪威、丹麥、德國、荷蘭、法國、俄國等國家，視野開闊了很多，於是就寫遊記。我的這些「遊記」其實是「遊思」，即邊遊邊思，屬於思想者遊記。後來我把書寫美國的遊記，集成《閱讀美國》一書，作為《漂流手記》的第四卷。此卷因為明報出版社特別喜歡，就與香港天地圖書公司商量，由他們出版，因此，天地出版的《漂流手記》只有九部。從瑞典返回美洲後，我先到加拿大溫哥華的卑詩大學一年（受林達光先生的邀請），然後又回到波德的科羅拉多大學。從美國出發，從一九九〇年到今天，我已到過四十多個國家。經歷了廣泛的遊覽，我首先深深地感慨：人類真偉大，把地球建設得這麼美。上帝創世時，地球是荒涼的，亞當與夏娃腳下的土地是粗糙的。可是，經過幾千年人類汗水的澆灌和智慧的凝聚，地球卻變得這麼漂亮，這麼精彩。在維也納街上徘徊時，我發現這裏的每棟樓房都有故事，在巴黎、倫敦的大建築面前，我常常留連忘返，也想好好寫一些衷心的讚歌，不是神的讚歌，而是人的讚歌。是人用一木一石、一磚一瓦積澱成今天這個繁華的世界。然而，我走了許多國家後，也發現地球上並沒有理想國，美國不是理想國，法國也不是理想國。在歐洲國家中，英國算是最老道、最古典（古典資本主義）、最有獨立頭腦的國家，但也不是理想國。人們以為瑞典是人間淨土，其實，淨土不淨，那裏也有許多困境。一九九二年秋至一九九三年秋，我在斯德哥爾摩大學「客座」時，工資是一年十萬美元，但因免稅，變得很富有。而那裏的教授，包括馬悅然教授，稅收都要交上工資的百分之六十五，而這之前社會黨執政，稅收更高，扣去工資的百分之八十五。二戰後，歐洲的許多國家由社會黨執政。而社會黨的大思路是劫富救貧，與共產黨的大思路差不多，不同的只是它反對暴力革命，主張議會鬥爭。在此大思路之下，他們發表福利宣言，以「平等」為社會理想。可是他們忘了，平等只能在心靈層面與人格層面上實現，即只能抵達心靈平等、人格平等和機會平等，而不可能在經濟收入、財富分配的層面上平等，後一種平等只不過是烏托邦。在法國，中產階級的稅收是工資的百分之四十八，而收入更多的階層稅收也加重，結果造成三種現象：一是大資產階級逃亡（為了逃稅），二是工人階級消亡（因為國家只有旅遊業、商業、交通業等而沒有製造業），三是中產階級危亡（因負擔日益加重而承受不住）。歐洲的許多國家主體（民眾），多數只是消費體，不是生產體，這就不能不造成希臘式的經濟危機。原先，工會組織是社會經濟發展的動力，現在變成了阻力。當國家入不敷出而想改一下福利政策時，工會就組織工人罷工、示威遊行，結果想改革也改不了，社會找不到出路。以往我總是在書本中討生活，對世界的認知也是靠書本。出國後，我贏得一個機會可以邁出腳步，走萬里路，用眼睛看世界，對世界的認知也就更真切了。看到世界上還有那麼多貧窮國家，看到以往自己嚮往的歐美發達國家那麼多困局，就覺得自己過去對世界的認識太簡單了。有了這種認識，就不敢再唱高調了，所以對自己的國家存在的問題，也就有了一種「同情的理解」，思想情感平和、實在多了。海外有些激進的革命志士說我成了「歌德派」，說今天的劉再復已不是往日的劉再復了。其實，他們沒有看到，我的情懷並沒有變化。只是因為自己親眼看到太多的人間困境而不敢再妄說妄評而已。

《漂流手記》的第四個主題是我在美國的日常生活。第五個主題是對國內生活即第一人生的回想。後一主題的文章，後來北京三聯書店彙集成《師友紀事》出版了。在海外漂泊，最難過是想念往日的師友，「念天地之悠悠，獨蒼然而涕下」，總是因為想念故國故人。

《漂流手記》的寫作本來只想「自救」，別無目的。但是第一卷出版之後卻收到許多意想不到的鼓勵。第一卷出版的時間是一九九二年春天。因此，我夏天到瑞典斯德哥爾摩大學擔任客座教授時，便帶了幾本去送在那裏的朋友，當然也送給馬悅然夫婦。想不到馬悅然教授的夫人陳寧祖大姐立即閱讀，而且衷心喜歡。她對來訪的許多客人說：你們讀過劉再復的《漂流手記》了沒有？沒有讀要趕緊讀。那年秋季，她作為斯大東亞系講師，還特別給本科生開設「漂流手記」課程。讓我幫忙聯繫香港天地圖書公司，購買了二十本書。那一年我們經常見面，每次見面，她都要把瑞典學生的課堂閱讀筆記給我看。有時她還自己朗讀，然後哈哈大笑。當時她已患了癌症，但還是很樂觀。她的衷心讚美給我留下深刻的印象。一九九六年十一月她去世後，我和妻子菲亞一直緬懷不已，第二年五月我還在《明報》的專欄裏寫了一篇短文悼念她。文章的第一段如此寫道：

去年十一月初馬悅然的夫人陳寧祖去世之後，我和妻子難過了好久。寧祖大姐真是我的知音，當她讀完《漂流手記》之後簡直高興得像小孩，拿着它到處給人看，給她的學生看，給她的姐妹看，給她的明友看。劉心武到瑞典時，她一面做飯，一面問心武：看了《漂流手記》沒有？可不能不看。最後，她乾脆在斯德哥爾摩大學漢學系開講整整一個學期的《漂流手記》課程。有一天，她拿着瑞典學生的作業對我說：瞧這些孩子多認真，他們竟看出你笑中有淚。我在斯德哥爾摩大學擔任客座教授一年期間，她幾乎每個星期都要帶我和菲亞去玩，菲亞身上穿戴的皮大毛、毛衣、絨帽、鞋子，一件件都是她帶去買的，其實，那時她已得了乳腺癌而且開了幾次刀，但還是那樣爽朗、熱情、愛笑，還是關心別人超過關心自己。（摘自《人生有情淚沾臆》，《漫步高原》，香港天地圖書公司，一九九〇年版）

另一件讓我高興的事，是余英時先生和他的夫人陳淑平大嫂也很喜歡此書。余先生告訴我，他夫婦到台灣，帶的禮物之一是幾本我的《漂流手記》。那時汪暉正好在台灣。他告訴我，第一次見到余先生和他的夫人，「他們送給我的禮物竟是你的《漂流手記》」。此事此情也給我留下深刻的印象。我特別尊敬的余先生，竟然不遠萬里，帶着我的《漂流手記》跨越過海去尋找遠方的友人。知道此事的那一刻，我覺得人生很有詩意。

過了幾年，我要出版《漂流手記》第三卷《西尋故鄉》，便請余先生作序。他欣然答應，一下子就寫了八千字。序文先以「寧鳴而死，不默而生」的題目發表於《明報月刊》。序文以此為開篇：

劉再復先生最近六七年來一直都過着他所謂的「漂流」的生活，在這一段「漂流」的歲月中，他除了文學專業的論著外，還寫下了大量的散文。這些散文都將收集在《漂流手記》（也是第一集的書名）這個總題目之下。本書是第三集，名之為《西尋故鄉》。再復知道我愛讀他的散文，要我為這一集寫一篇序。其實我不但喜歡他的文字，而且更欣賞文中所呈露的至情，因此，便欣然接受了寫序的任務……「漂流」曾經是古今中外無數知識人的命運，但正因為「漂流」，人的精神生活才愈來愈豐富，精神世界也不斷得到開拓。僅以中國而論，如果剔除了歷代的漂流作品，一部文學史便不免要黯然失色了。中國第一位大史家司馬遷便最早發現了漂流和文學創作之間的密切關係。他不但在自序中指出「屈原放逐，著《離騷》」這一重要事實，而且還特別將屈原和漢初的賈誼合成一傳。這就表示他已在有意無意之間為中國的漂流文學建立了一個獨立的範疇，所以傳中既敘其異代而同歸的流放生活，又錄其在流放中寫成的辭賦。

序文中余先生又用莊子的《逍遙遊》來解讀《漂流手記》，很貼切。我們不妨把序文最後一部分重溫一下：

再復是決心不走回頭路的。他說，名聲、地位、鮮花、掌聲——這一切他都已視為草芥，埋葬在海的那一岸了。這話我是深信不疑的。他把這一集散文定名為《西尋故鄉》便是明證。他說得很清楚，他已改變了「故鄉」的意義；對今天的再復來說，「故鄉」已不再是地圖上的一個固定點，而是「生命的永恆之海，那一個可容納自由情思的偉大家園」。這使我想起了莊子的《逍遙遊》。我想用《逍遙遊》來解釋再復的「漂流」，是再適當不過的。莊子一生追尋的故鄉是精神的，不是地理的。《逍遙遊》中「至人」的「故鄉」是「無何有之鄉」，然而又是最真實的「故鄉」，只有在這個真實的「故鄉」裏，「至人」才能達到「獨與天地精神往來」的境界，才能具有「舉世譽之而不加勸，舉世非之而不加沮」的胸襟。

話雖如此，恐怕今天的民族主義者還是不會輕易放過再復的。民族主義者現在也引儒家為同道了。春秋大義首重「夷夏之防」；不必讀內容，書名《西尋故鄉》四個字便足夠「明正典刑」的資格。近代「西尋故鄉」的先行者，如郭嵩燾，如康有為，如胡適，都曾受過民族主義者的口誅筆伐。不過如果我可以為再復辯護，那麼我要說：根據儒家的原始經典，即使是地理意義上的故鄉，任何人都可以「去無道，就有道」的。孔子便說過「道不行，乘桴浮於海」，雖然他沒有真的成行。……

事實上，在他的散文集中再復對地理意義上的故鄉充滿着深情的回憶。古人曾說：「情由憶生，不憶故無情。」再復是天生情種，所以他才有那麼多的懷舊之作。他絲毫不懷戀埃及的鮮魚、瓜果、菜蔬，但是對於故國的人物、山川、草木，他終是「未免有情，誰能遣此」。他自然也不能將苦痛的往事完全從記憶中抹去，所以筆下時時流露出對於碩鼠的憎恨。但是在我想來，眼前最緊要的還是繼續作逍遙遊，一心一意去追尋精神的故鄉。從《舊約》的記載看，以色列人出走埃及以後還有漫長的征程，他們似乎逐漸忘記了「法老」的橫暴，因為他們忙着要建立新的信仰和屬於自己的家園。這樣看來，再復似乎也不妨暫時把橫行的碩鼠置諸腦後。碩鼠的世界雖然盤踞在再復記憶中的故鄉，但這兩者不但不是合成一體的，而且愈來愈互為異化。後者是永恆的存在，蘊藏着無限的生機，前者則已變成一潭死水。

余先生此序寫於一九九六年初《西尋故鄉》出版前夕。余先生是史學家。他的這篇序文，還概說了中國漂流文學史，認為中國的漂流文學由兩大類型組成，一是書寫「離亂」，一是書寫「放逐」。認真的讀者會發現此序很有史學價值。余先生作序之前的一九九三年，我意外地在《聯合報》（一九九三年六月二十六至二十七日）上讀到台灣大學齊邦媛教授的文章：《二度漂流的文學》。此文把一九四九年出國漂流的胡適、張愛玲、姜貴、司馬中原、瘂弦、洛夫、辛笛、管管等界定為首度漂流文學，而我則屬於「二度漂流文學」。所以文章最後如此寫道：

劉再復在《漂流手記》自序「漂泊的故鄉」中說：「我在另一個世界裏又發現了故鄉，這個故鄉，就是漂泊的故鄉。……我雖然漂流到國外，但祖國的文化就在我身上。……我的根不僅連着莊子的鯤鵬與蝴蝶，也連着海明威的老人與海。泉水、蝴蝶、海、王子、美麗的藝術之星，伴隨着我作精神的流浪，他們全是我的漂泊的故鄉。……其實，到處都有漂泊的母親，到處都有靈魂的家園。」有此心靈境界，暫作漂泊又何妨？……文學的終極關懷絕不該是支配性的政治，而是心靈的處境和人性的趨向。只要有此關懷與藝術造詣，作品才能在時間的淘汰下傳諸後世，找回更多單純、有口味的讀者。讀古史槌胸，讀「春花秋月何時了」下淚的讀者，何嘗有什麼「路線正確」的立場？（摘自《聯合報》，一九九三年六月二十六、二十七日）

此文的發表，對我的漂流寫作又是一次鼓舞。一九九四年我到台北參加《聯合報》主辦的「四十年來的中國文學」研討會見到了齊教授。她在主席台上很親切地拉着我的手，我發表了「讓思想者思想」的簡短講話後，她對我說了許多鼓勵的話。

二〇〇七年我到台北參加「中國文學高峰會」時，齊教授因高齡不能參加任何活動，但還囑台大的柯慶明教授把新出版的《巨流河》贈送給我。此書寫盡中國內戰時期知識分子的滄桑，真是難得的大散文。除了來自台灣的海外學者的鼓勵之外，讓我感到特別高興的是，我的朋友萬維生（郵票設計家）告訴我，冰心老人在九十四歲（一九九四年）時讀完《漂流手記》，並對他（萬維生）讀了兩句林則徐的詩：「海到無邊天作岸，山登絕頂我為峰。」（出自林則徐的《出老》）維生兄告訴我之後，我高興了好幾天。因為冰心一直是我的精神母親，她的《致小讀者》等書，我在高中時就讀「破」了。近九十歲她進了北京醫院，還為我的散文集作序。她是始終護愛我的女神。我知道，我的最廣大的知音在國內，他們讀不到我的書。在寫作《漂流手記》第一卷、第二卷的同時，我還寫了《人論二十五種》。這是我刻意寫作的一本憤世嫉俗的嘲弄醜陋人性之書。出版後李澤厚兄就讀，沒想到他特別喜歡此書，並說，這是你寫得最有特色的一部散文。《人論二十五種》是香港牛津大學出版社的第一部中文書，因為受到歡迎，他們很快又出了第二版。當時心裏尚未平靜，所以就以「國無人」（屈原語）為序，這種過分激烈的語言，恐怕會傷害國內的一些朋友。

第八章

告別革命兩邊不討好

二〇一四年，劉再復在香港科技大學人文學院擔任「客座教授」，講述「文學常識二十二講」。此照片是他在休息期間於高級教職員宿舍與學生閒談時所拍。（李佩樺攝）

一九九二年秋天，我受聘到科羅拉多大學東亞系擔任客座教授。邀請我的是系主任柯羅教授和著名的現代中國文學翻譯家葛浩文教授。我到波德時，李澤厚先生剛出國，胸中的中國情結還沒有完全消失，而我則仍然是滿腦子「中國」。因此，總是傾聽着李先生關於中國的講述。當時他說得很多，但有兩個基本觀念讓我難忘：一是中國很大，很豐富，很複雜，看中國一定要宏觀地看才能看清楚。微觀之下，到處是問題；但從宏觀看，它還是在進步。二是我們要對過去進行反省，也只能着眼於大思路的反省，即基本理念的反省。這兩點一下子把我「點破」了，當時我立即想到：一九四九年後的新中國，如果不是守持「繼續革命」的大思路，而是把民族生活重心及時地轉向和平建設，那就好了。當我把自己的想法告訴澤厚兄的時候，他立即表示，我們可以就基本大思路的問題進行對談，就叫做「回望二十世紀中國」。我非常高興，馬上想到應當走出二十世紀的思想框架了。於是，我們便以二十世紀的歷史主題「革命」為中心不斷地對話。這中間又涉及到哲學、文學、藝術、歷史、倫理學和種種意識形態。在科羅拉多高原上，上帝把我們拋到一起，我意識到機會的難得。我知道眼前這位熟悉的朋友是中國最有智慧的哲學家和思想家。我有幸和他對話，不是為了抬高自己，而是為了學習，為了探索真理。因此，他所講的一切，我都記在心裏，幾乎什麼也沒有漏掉。一九九二年秋我到瑞典之前，對話已基本完成。在斯德哥爾摩大學宿舍，我的妻子開始整理出錄音的部分，我作了修正，然後又由她謄抄一遍。而記在腦子裏的那一切，我則一頁一頁反芻出來，寫在稿子上。一九九四年回到波德時，我便把整理完畢的稿子交給李澤厚先生，他很快就閱讀與修改。其態度之認真，很讓我感動。大約用了三個月的時間，於一九九四年底，全書就基本上定型了。我選擇了一些章節在《時報週刊》（台灣《中國時報》社所辦）刊登，而把整部書稿寄給香港天地圖書公司的副社長劉文良，他立即發稿，第二年（一九九五年）便正式出版了。大約是書名很顯眼，加上「革命」主題是大家所關注的題目，因此，第一版很快就賣完，接着又印了兩版。關於《告別革命》的成書過程，我在序言中如實地記錄如下：

一九九二年一月初李澤厚來到美國，而且來到科羅拉多，他在科羅拉多學院（Colorado College），我在科羅拉多大學（University of Colorado at Boulder），相距只有兩小時的高速公路。於是，我們見面、打電話很方便，自然就常一起談論。撫今追昔，海闊天空，談哲學，談文學，談中國，談美國，談毛澤東的烏托邦悲劇，談鄧小平的「實用理性」，談政治、經濟、文化、情愛的多元。在國內時我們就是好朋友，我一直把李澤厚視為師長，認真讀他的書和他的文章，並深受他的學說的影響。在國內時我們雖也常見面，但彼此都太忙，從未像此次贏得如此充分的時間進行如此充分的交談，在遙遠的異邦，天長地闊，我們竟能同處一地，這真是天降的學緣。

開始我們只是隨便聊聊，但我很快就發現李澤厚談論的內容許多是他著作中未曾表述過的，他的許多學理性見解非常獨到和寶貴，確實稱得上「真知灼見」。這兩三年，中國社會正處於大轉型的急速變遷中，社會問題極為龐大而複雜，也因此，學界各種似是而非的看法特別多，加上商品潮流的衝擊，人們為了迎合市場的需要也喜歡故作驚人之論和故張怪誕離奇之目，讓人深受刺激而莫衷一是。在這種狀況下，我特別感到李澤厚的充滿理性的談話，非常難得。我所說的理性，是指揚棄情緒、揚棄道德義憤的思考。李澤厚一再表明，他的思索只對兩者負責：一是對歷史負責，一是對人民負責。有責任感才有理性。從八十年代中期開始，他在國內學術界就遭遇到兩面夾攻：一是極左教條主義攻擊他「自由化」，二是某些年輕朋友抨擊他過於「保守」，但他在眾聲喧嘩中還是堅持「走自己的路」，這條路，就是理性之路。

接着，我又說明：

在整部對話錄中，有一小半是靠錄音整理出來的，而大半則是靠記憶而書寫下來的。當然，兩種方式最後都由李澤厚作了仔細校閱和補正。我所以能記下來，一是因為李澤厚的談話思想明晰，便於記憶。我平素讀書就注意讀思想，不太注意讀文采，所以腦子中的思想膠汁比較多；二是我對李澤厚格外尊重。《猶太智慧》中有句悟語：對人心悅誠服可幫助你的記憶。我對李澤厚正是心悅誠服，格外尊重，並覺得，他的寶貴學識，是值得我調動生命的黏液去把它嵌進自己的心靈之中的。無論是在上學的年輕時代還是已當上文學研究所所長的時候，我都這麼想。在當文學研究所所長期間，我常借着可坐小車的「特權」、跑到幾十公里之外的皂君廟去聽他「坐而論道」，我的《論文學主體性》就是在他的影響下形成的。當我讀到他的《康德哲學和建立主體性論綱》之後，禁不住內心的激動，並隱約地感到，我將要在文學理論領域中進行一次顛覆性和建設性的變革，令機械反映論作霧散雪崩，而《論綱》就是我的起始之點。所以我一再說，大陸主體性理論的「始作俑者」是李澤厚。關於這一點，文學研究所的兩位優秀的年輕學人陳燕谷和靳大成在《劉再復現象批判》中曾作過精彩的表述，他們說：「必須公正地指出，在我國，主體性問題是李澤厚首先提出來的。當『十年動亂』剛剛結束，很多人還處於思維混亂的情感宣洩狀態時，大部分人還在撫摸昨日的『傷痕』時，李澤厚即以其獨到的洞察力和思想深度為創造成熟的歷史條件進行了寶貴的思想啟蒙工作。在相當長的時間內，他實際上成為中國人文科學領域中的一個思想綱領的制訂者，他的哲學、美學、思想史著作影響了整整一代人——包括劉再復在內。《批判哲學的批判》、《美的歷程》、《主體性論綱》以及《思想史論》三部曲，他的著作一再成為當代文學生活中引人注目的事件，其中影響最大的無疑是他對康德、對馬克思的主體理論的

創造性闡述與發揮，使這種思想像一股暗流潛伏在每一個熱血的思考人生的人心中。」（摘自《文學評論》，一九八八年第二期）

《告別革命》出版之後，很快就在社會上產生反響。會有反響，我是想到的；但產生如此強烈的兩極性反響，倒是在我意料之外。所謂兩極性反響，就是肯定性反響和否定性反響。

肯定性反響，當然是讚美和充分讚美。當時，我印象最強烈的是收到芝加哥大學鄒讜教授三十多頁紙張的長信。因個別字句的改動，此信寄來了三次，熱情鄭重之極。信是寫給李澤厚先生和我的，但他每封信都寫三個人的名字，還有一個名字是我的妻子陳菲亞。這也許是因為在芝加哥大學時我們兩家（我和菲亞，他和盧懿莊教授）常有來往，他格外尊重女性；也許是他猜到（也可能是我在通電話時告訴他），此書菲亞幫助我們整理了不少章節。鄒讜教授是我最敬重的芝加哥大學政治學講座教授。他在一九八八年曾應北京大學邀請擔任客座教授，這期間，胡耀邦接見他並與他長談了整整一天。我出國後在芝大東亞系客串演講，他和盧教授總是端坐在邊上，像兩個老菩薩，真給我不少壓力。當時，我就知道鄒讜教授的父親名叫鄒魯，是國民黨的元老，早期國民黨的大筆桿子，國民黨黨史的第一位權威作者。而他自己雖是國民黨的「高幹子弟」，為人卻極為質樸謙和，一心向學。青年時代在西南聯大讀書時就同情中國革命和中國共產黨，西南聯大畢業後到美國留學。在芝加哥大學獲得政治學學士學位後，便精心研究中美關係，其成名作是《美國在華之失敗（1941–1950）》，屬於美國當代學術經典之一。之後又出版了《文化大革命與毛後改革》、《二十世紀中國政治——從宏觀歷史與微觀行動角度看》、《中國革命再闡釋》等重要論著。

鄒教授治學極為嚴謹，其理性智慧得到美國學界、政界的高度評價，因此，一九九九年他逝世時，芝加哥大學破例地為他下半旗以表示哀悼。截至這一年為止，芝大已有四十八名教授獲得諾貝爾獎，其中幾位獲獎者逝世，芝大並未下半旗，而鄒讜先生的逝世，芝大卻表示最高的敬意。

鄒讜教授閱讀《告別革命》時，已經七十五歲，但他讀後還是深深共鳴，激動不已，因此就寫了空前長信。這封長信毫無保留地高度評價《告別革命》，而且借此闡釋了他的革命觀、政治觀和中國近代史觀，極為鄭重也極為真誠。此信一開頭就說：

澤厚、再復、菲亞教授：

數星期前閱讀海外XX雜誌，評論先生大作之文章，大為惶惑，不知究竟，今承賜寄一冊，仔細閱讀一字不漏，反復思索，方知此書雖以對話錄形式發表，但對中國二十世紀之文化、思想、政治、文藝有極深刻之分析，而對話之中有一完整的思想系統，是我二十四個月以來閱讀之專著，對我最有啟發的三本書之一，其他兩冊為 John Rawls *Political Liberalism*（《政治自由主義》）與 King, Keohane, Verba *Designing Social Inquiry*（《社會研究設計》）。

我對此書之所以極度欣賞，因為我正在寫作一系列英文文稿，論述二十世紀中國政治之基本特點，發揮去年出版的《二十世紀中國政治》一書的若干看法……

你們對二十世紀中國政治的分析，以及貫通全書的思想系統，引起我深沉的思索。因為我的著作除《美國在華之失敗》之外，都是隔「洋」觀火之作，粗線條的素描，沒有身歷其境的經驗，而你們的著作不僅是學術之探索，並且是心靈上的反應。你們兩位都是早熟的天才，我是苦學磨練出來的學生，四十之後方有成名之作，七十左右開始重新整理思想體系，你們思索寫作以建國以後之情況為主要對象，而我的親身經驗是三十、四十年代的革命時期，你們是哲學、美學、文學思想家，視野廣闊，思索深透，我是政治學者，我的訓練是鑽研個案與具體史實，並以此為專業，但是卻偏要突破學究的框框，去探討政治的重大意義和歷史的深遠問題。我的觀點，判斷與理論，雖然是苦思冥想的結果，但是因為空間、時間的障礙與限制，我並沒有完全的把握。我們的背景、經歷、專業與天分雖然大相徑庭，但是對基本問題特別是對中國問題的研究方法、歷史觀、價值觀等的看法有一些完全就殊途同歸，對具體問題的看法與判斷有一些看重點不同，可以相輔相成，不同意見之處的多半是提法的差異，不是基本的矛盾。還有一兩點你們有明確的理論和觀點，我則未能完全下結論，但是你們最基本的論述與歷史事實的分析我在將來修改與寫作我的論文中，可以充分應用和發揮。因此，我仔細研讀大作後，常喜悅與興奮，覺得我的「遠距離」的觀察，大膽的立論還不致完全錯誤。

李澤厚先生告訴我，鄒讜教授提到的三部啟發他的書，其中一部是《政治自由主義》，確實很好，已成經典。我於政治學實屬門外漢，不過，知道鄒讜教授如此評價，當然是非常高興。但他讚譽我們是「早熟的天才」，對於李先生倒是當之無愧，對於我則是溢美之辭。就在為鄒先生的信件高興的同時，我從朋友處得知，普林斯頓大學的「中國學社」（一九八九年之後在普大形成的中國流亡者群落），集中了劉賓雁等二十多位學者作家，正在批判《告別革命》。果然，不久後，我讀到了劉賓雁的文章和社會評論家胡平先生的文章。據普林斯頓的朋友告訴我，賓雁兄在會上說《告別革命》是為了討好政府，作者扮演的是曾國藩、李鴻章這種撲滅革命的劊子手角色。胡平則側重批評李先生提出的「發展經濟—言論自由—社會公平—政治民主」四程序之說。劉賓雁的文章發表後，特打了一個電話給我。他很誠懇地說：「這篇文章發表後我一直感到不安。其實，我主要是針對李澤厚而發的。」我則回答說：「賓雁兄，觀念不同很正常。但我們所說的都是學理性的觀念，並沒有討好誰的動機。您說我們扮演劊子手的角色，恐怕離真理太遠。」我很敬重劉賓雁，他給我作解釋，也說明他的心腸很「軟」，性情真率。因此，他去世後我立即寫了一篇《緬懷傻到底的賓雁老大哥》，文中也提及他的批評事。這裏應當說明的是，他發表出來的批評文章題為《可悲的理性》，語氣比發言時緩和得多，例如，在聚會時他說的「充當曾國藩、李鴻章似的劊子手」，在文中只是說：「很難說中國高層知識分子之中有人就不會成為明日曾國藩手下的謀士。」他把我和李澤厚先生界定為「中國高層知識分子」，然後說這一階層的知識分子還是忘不了昔日的「人大代表」、「政協委員」等名號，很有點「人身攻擊」的味道。

有意思的是，《告別革命》在國內也引起激烈的批評。這部書本來是進不了海關的，我們請天地圖書公司寄十幾本給國內的朋友，都被海關扣留，後來我們才知道，原來許多人並沒有見到這本書的原來樣子，也未認真閱讀全部文本，只是根據社會科學院發給黨支部書記和室主任以上幹部的一份半文件半資訊的「學術動態」而作出的判斷。這份半文件半資訊的動態「材料」，由中國社會科學院科研局編輯（一九九六年五月十五日），以《學術動態增刊》之名發給全院。文件封面的標題是《李澤厚、劉再復〈告別革命〉一書給哲學社會科學研究提出了一些什麼問題》，在此總標題下，編者以十一個小標題對全書作了主觀性很強的「輯錄」。這十一個小題目包括：一、告別一切革命；二、革命破壞一切；三、要改良而不要革命；四、關於中國共產黨；五、關於中國的社會生活；六、關於毛澤東的評價；七、關於馬克思主義；八、關於哲學；九、關於文化與文藝；十、關於中國近現代史；十一、關於中國未來的道路。據社科院的朋友相告：此份「學術動態」非同尋常，封面上的「學術動態」四字使用紅顏色，以示「文件」性質。名義上雖是發給黨支部書記和室主任以上幹部，但所有社科院的工作人員都可以讀到，而且很快就流傳到院外，流傳到社會。於是，報刊隨即刊登了一些討伐文章與批判文章。因空間阻隔，李澤厚先生和我只看到邢賁思的《劃分清馬克思主義與反馬克思主義的界限，必須排除「左」和「右」的干擾》等少數文章。邢文發表於《人民日報》，但各地報刊均給予轉載，影響較大。文章寫道：

最近，學術界有人提出反對激進主義，認為中國近代從譚嗣同開始，都是激進主義思潮佔上風。如果孫中山不搞辛亥革命，也許中國的現代化早已實現了；毛澤東領導的新民主主義革命也不會成功。由此他們得出結論，要告別革命。他們認為，革命過去歷來被認為是褒詞，其實應該是貶詞；放眼世界，凡是搞了改良的結果就比較好，而相反搞過革命的國家，現在的情況都不太理想。英國、法國都搞過資產階級革命，所以法國、英國在西方世界裏始終不算頭等國家。最後他們得出結論，現在就是要用文化保守主義代替政治激進主義，其根本的目的是要消除主流的意識形態，即馬克思主義。這種批「左」是要消解作為主流意識形態的馬克思主義，這是不能同意的。

邢賁思原是社科院哲學研究所所長，當時已任中央黨校副校長，他的文章算是中央報刊首次批評「告別革命」。在此之後，又有近代史研究所所長張海鵬以及北京大學、北京師範大學的沙健孫、李文海、龔書鐸、梁柱等史學研究者發表的談話與文章，而由社會科學院黨組書記（原中宣部部長）王忍之出面的講話，則正式地把「告別革命」視為嚴重的政治問題。他在一九九七年全院工作會議上所作的報告中說：

哲學社會科學具有很強的階級性和意識形態性。西方敵對勢力一直在推行「西化」、「分化」戰略，加緊對我國進行意識形態的滲透。國內一些期望中國走資本主義道路的人也遙相呼應，提出什麼「淡化意識形態」、「消解主流意識」等口號，妄圖取消馬克思主義的指導地位，用資本主義的意識形態取而代之。哲學社會科學領域中的滲透與反滲透的鬥爭從來沒有停止。只有堅持以科學的理論武裝自己，注意分清重大理論問題上的原則是非界限，才能在政治上保持清醒的頭腦，才能抵禦西方敵對勢力的滲透和影響，避免走入歧途，陷入泥潭。

應當肯定，我院廣大科研人員是努力用科學的理論武裝頭腦並指導自己的科研工作的，但是也毋庸諱言，我院還存在着懷疑以至否定必須堅持以馬克思主義為指導、懷疑以至否定必須走中國特色社會主義道路的現象。有人盲目崇拜、照抄照搬西方資產階級的經濟理論。「告別革命」那一套否定革命歷史、否定馬克思主義的論調，不同程度地影響着一些人，等等。這些問題儘管發生在極少數人身上，但也說明，堅持正確方向的問題在我院並沒有完全解決，也不是一朝一夕就能解決的，還有大量艱苦細緻的思想教育工作要做。

除了政治界、學術界的回應之外，在社會層面的反響也很熱烈。一九九五年我和李先生接受了「美國之音」的採訪，簡單地說明了提出「告別革命」的背景和我們並不否定歷次革命的道德正義性等意思，就收到世界各地華人近二百封信件。其反應也是兩極性的，義憤填膺者有之，熱烈謳歌者也有之。儘管理念絕對對立，但都很關心中國的未來。讀了這些信件才知道「革命」這個二十世紀的歷史主題，真是深入人心，想迴避也繞不開。而比較中立的香港報刊，則發出「告別革命兩邊不討好」的聲音，看到這種評論，我和李先生均哭笑不得，只好自言自語：我們本來就不想討好哪一邊。二〇一一年香港天地圖書公司印行《告別革命》第六版時，出版社乾脆把各方具有代表性的反應作為書的附錄發表，也使全書增至近五百頁。

一九六三年我從廈門大學畢業後，進入中國科學院哲學社會學部（後改名為中國社會科學院），在「學部」工作，實際是從事職業研究與職業寫作。在我個人寫作史上，意外地贏得兩次學習宏觀思考與宏觀寫作的機會。第一次是文化大革命結束後（一九八〇年前後）為周揚起草若干文章與報告，從周揚那裏學會駕馭大文章與大報告的寫作能力。第二次就是出國之後與李澤厚一起對談革命與告別革命，向李澤厚學習把握歷史的大思路和大變遷。頭一次前後經歷了五六年，從一九七九年第一次幫助周揚起草《學習魯迅的懷疑精神》之文開始一直到書寫紀念魯迅誕辰一百週年的報告以及起草《中國大百科全書．中國文學卷》頭條即總論（與周揚共同署名），每次寫作，都先傾聽周揚關於大文章的主題、基調、邏輯以及論證的設想與意見。對於周揚的評價，自然會有高低不同，但他絕對是寫大文章的高手，不管是事前傾聽他的意見還是初稿形成後閱讀琢磨他的修改處，我都受益無窮，靈魂的活力與寫作的能力均有所生長。大文章除了需要大結構之外，還需要大氣派與大胸襟，而且還得具有歷史具體性與歷史針對性。大，但不可以空；長，但不可以煩。大文章不是空頭講章，大報告也不是高頭呼告。經過幾次起草，我知道自己的文字是面對歷史與人民說話，無論如何首先應有高度的負責精神，不可摻下一點假，不可有任何賣弄和取巧，要講什麼絕對要想清楚想透徹。絕不可以「以其昏昏，使人昭昭」。第二次是從李澤厚身上吸收寫作智慧、寫作理性。他在建國之初的五十年代，就寫作譚嗣同與康有為的大文章，到了出國之初，已有四十多年的研究史。他既是朋友又是近鄰，我首先再次閱讀他的《中國現代思想史論》，此次閱讀三史，和第一次感受大不相同。上一次是知識性閱讀，是為了增加思想知識而讀，此次則是有備而讀，即為了吸收中國的歷史經驗尤其是思想史上的基本教訓而讀。

除了閱讀之外，還為長篇對話作準備。我意識到，歷史已提供了機會，高山就在面前，我又贏得一次學習的大好時機。果然在與李先生的對話中，我固然盡可能地表述了自己對中國尤其是對中國文化、中國歷史的看法，但還是從他身上吸收了終身難以忘卻的寫作智慧與寫作理性。今天想起來，這種寫作智慧大約有三個層次。

首先，應當學會分析哲學。不管談論什麼問題，李先生都首先要對概念重新界定（分析哲學比維根斯坦出現得早）。李先生經常告訴我，二十世紀德國兩個偉大哲學家，海德格爾和維根斯坦，從文字表述而言，他喜歡海氏而不喜歡維氏，而從為人和思想而言，他則更喜歡維根斯坦。維氏認為哲學的功能在於糾正語言、考察概念，許多哲學上的爭論實際上是語言概念的爭論，因此，他最後把哲學歸結為語言學。這種哲學思路後來導致了語言本體論的產生而片面化，但是他所提示的首先必須廓清概念的方法則值得學習。

李先生正是如此，例如對於「革命」這一概念，他就一再說，我們要先對

「革命」進行定義。我們並非反對一切革命，英國的「光榮革命」實際上是改革，我們就不反對。歷史上的多次革命，有其道德的正義性，我們也不籠統否定。我們要告別的是以暴力革命取代改革改良的絕對性思路，是把革命視為聖物、視為歷史必由之路的絕對性理念。我們所告別的革命是指通過大規模的群眾運動等急劇的流血的方法推翻現政權的暴力革命。第二，李先生還一再強調，對於歷史上存在過的大文化和大理論體系，也要進行分解，辨別其真與假，判斷其是與非（人文科學與文學不同處，也在於此）。文學創作不要求如此思辨，例如對待馬克思主義，李先生就非常明確地告訴我，他採取三種態度：一是必須堅守的部分，例如「歷史唯物論」（人先要衣食住行，然後才有思想、文化、意識形態等），便是馬克思主義的基本理論與「硬核」，非常正確。講「吃飯哲學」也只是這一基本理論的通俗表述。二是必須揚棄的部分，例如「辯證唯物論」，馬克思原始經典裏並無這一概念，後來人通過講述「辯證唯物論」而把馬克思主義哲學歸結為鬥爭哲學，這就走向荒謬。還有，《共產黨宣言》開篇所作的論斷：「迄今為止，一切歷史都是階級鬥爭的歷史」，並不準確。這一歷史定義排除了生產力、生產關係、生產工具發展的歷史實踐內容。三是可以「修正」的部分，例如馬克思關於剝削工人剩餘勞動價值的問題就涉及到剝削的定義與革命的理由，但是馬克思在當時的歷史條件下對於科學技術的作用尚未充分認識，因此，就必須補充進科學技術也是生產力的觀念，以糾正僅僅着眼於「勞動時間」的片面性。對於中國的主流大文化也應作分解以分別對待。僅以二十世紀產生的新儒學就有三派，一是以漢代儒學為軸心的政治儒學，二是以宋明儒學為魂魄的心性儒學，三是以孔孟原典為基石的倫理儒學。李先生靠近原典儒學，而且借此發展出一套分清社會性道德與宗教性道德的嶄新倫理學。分清了三種儒學，對於中國文化未來的精神出路，就可講述得比較清楚。

最後，我還要說，李澤厚先生「史論結合」的方法也給我以極大的啟迪。史論結合方能駕馭大思路。李先生寫那麼多書，講述那麼多思想理論，但最重要的是他的「歷史本體論」。他把康德終生思考的總題目「認識如何可能」轉變為

「人類如何可能」，然後給予學理上的回答，說明不是「上帝造人」，也不是「猴子變人」，而是人類自身的歷史實踐使得原始人變成現代人。在李先生的體系中，「歷史」相當於基督教文化中的「上帝」。所以他的一切表述，包括「革命」表述都極重視歷史主義，即具體的歷史分析。以「論」而言，講的是「歷史主義與倫理主義的二律背反」；以「史」而論，則是一個又一個具體的歷史個案。他認為，慈禧太后早死十年或晚死十年均會影響中國近現代史面貌。歷史就是如此充滿偶然性。五六十年來，我國學界犯了兩種病症，一是籠統病（缺少具體情況、具體分析）；二是情緒病（缺少理性）。在《告別革命》的對話中，我學習了如何避免兩種病症。這是我寫作史上的巨大收穫。

如果仔細閱讀《告別革命》，也可以看到我和李澤厚先生的不同之處。我是文學中人，天生帶着更濃厚的詩人氣質，因此，在學術上，我除了向李先生的「歷史本體論」靠近之外，也暗自接受禪宗的「心性本體論」，除了講述人的主體性之外，也尊重神的主體性，因此，也更加強調文學藝術的超越性，即強調文學藝術的個性、自性、人性以及作家的本真角色，在觀照文學作品時，則強調作家應當超越歷史時間，注重宇宙性的自由時間。在對話中，儘管歷史主義與倫理主義的張力場貫穿始終，但李先生往往代表着歷史主義，而我則代表倫理主義，儘管我竭力擺脫道德義憤，但還是有不少道德情緒。對於歷史人物，我很看重其天性，而李先生則把人視為歷史存在，他們的一切行為都是歷史的結果。我有自己的思想，但與李先生那種哲學思辨不同，更多的是意象性的思想，實際上是另類的思想者。

第九章

返回古典與夢醉紅樓

二〇一六年，劉再復受聘擔任香港科技大學人文學院客座教授兼高等研究院的客席高級研究員。此照片是他在高等研究院作學術報告後與聽眾交談時所拍。（李佩樺攝）

一九九五年，《告別革命》的寫作已經完成。在最後的對談中，我和李澤厚先生表達了一種共識，即從學術取向上說，告別革命也意味着「告別現代」、「返回古典」。因為時行的所謂「後現代主義」思潮，其實也是革命思潮。這一思潮的致命弱點，是只講「解構」，不講「建構」，實際上是一種破壞性思維。因此，我們認為自己的思想路向和學術路向，不能跟着「後現代」潮流跑，即不能盲目走上所謂「古典—現代—後現代」的時髦路，而應當作一種「反向努力」，即「從後現代返回古典」。所以我們在對話中提出要「告別現代，回歸古典」，並對「回歸古典」作出解釋：

所謂回歸古典不是否定現代社會而回到古代社會，而是在文化取向上，回復理性，回復人文關懷，回復文藝復興時期和啟蒙時期的一些古典的價值觀念和古老命題，重新探求和確立人的價值與人的尊嚴。

「回歸古典」這一命題，是我們在《告別革命》中第一次鄭重提出的。這對於西方學界而言，乃是一個「反潮流」的命題，對於中國學界而言，這是給緊跟西方的潮流敲下警鐘，也給「後現代主義」思潮一個負面回應。所以我和李澤厚先生都對此命題十分重視，打算下一部對話錄要以「返回古典」為總題目。但我們沒有想到，最近十幾年，國內「尊孔讀經」的復古思潮會如此甚囂塵上，各類「還鄉團」會如此猖獗，在此情況下，「返回古典」很可能會被開倒車的國粹派所利用，所以就不再多講了。其實，在一九九五年之際，我們就已說明，「返回古典」乃是「文藝復興」的一種策略，與西方的文藝復興運動打着「回歸希臘」的反向策略相似，那時我們就說：

> 我們……希望新的世紀會出現第二次「文藝復興」，而這一次文藝復興與第一次文藝復興的文化取向和價值追求又是近似的，這就是恢復古典的人文精神，重新確立以人為本。這一次文藝復興是從機器世界（科技統治）和動物世

界（人欲橫流）中解放出來。所以，所謂「告別現代」也就是要告別現代專制和使人異化的種種方式，告別以無數生命為代價的革命光環和種種剝奪人的價值的意識形態。

返回古典，不是復古，而是復興；不是倒退，而是前進。這一點非常重要，所以我們不能不反復講。直到二〇一一年我回國參加母校廈門大學九十週年校慶，在「國學高峰論壇」上，我還不得不對「返回古典」再作解釋：

> ……李澤厚先生和我在一九九五年《告別革命》的後記中正式提出「返回古典」的命題。這一命題的主要意思是如下四個：（一）人類大文化的走向不一定是從「現代」走向「後現代」，而應從現代「返回古典」。（二）返回古典不是復古，不是倒退，而是在現代性——普世價值的基礎上對古典資源的重新開掘與提升。（三）返回古典不是指返回西方古典，而是返回中國古典。中國古典的兩脈（以儒為主體的重倫理、重教化、重秩序的一脈和以道為主體的重自然、重

自由、重個體的一脈）可以互補。（四）返回古典的落腳點是實現對中國傳統的「轉化性創造」，不是林毓生先生所說的「創造性轉化」。前者創造自式，後者轉向他式。（摘自《創造中國的現代化自式》，《隨心集》，北京三聯書店，二〇一二年版）

「返回古典」成為自覺後，我和李澤厚先生真的「返回」了，只是返回的側重點有所不同。李先生返回的是儒家的原典。他到日本訪問時，其演講的題目乃是「回歸孔子」，這是中國學界在世界上關於返回孔子的第一聲吶喊。李先生出國之前就已發表《孔子再評價》（收入《中國古代思想史論》），之後又出版《華夏美學》。後者首次把儒家美學界定為華夏美學的主幹，這完全不同於那種講述中國美學只見道家美學的觀念。李先生對於「儒」的闡釋獨到而深刻，他不擇取儒之「形」（如典章制度、意識形態等），而是擇取儒之「神」，因此，他從儒家寶庫裏提煉出「樂感文化」、「實用理性」，「巫史傳統」、「情本體」、「一個世界文化」等重要命題（前人未曾提過的命題），對中國文化的研究作出了實實在在的貢獻。我「返回古典」的思路與李先生不太相同。從文化層面上說，我把中國文化劃分為兩大脈絡：一脈是以孔孟為發端的「重倫理、重秩序、重教化」的系統；一脈則是以莊禪為代表的「重自然、重自由、重個體」的系統，我更喜歡後一系統。因此，在一九九五年之後，我重新閱讀莊禪之書，尤其是禪宗的書。那時（一九九六年）我常與好友高行健在電話裏談禪，他正在寫作《八月雪》（一九九七年完成），對禪宗如數家珍。他不把慧能視為宗教家而視為思想家，對慧能評價極高，認定他是東方的基督，創造了「自救」體系和無須邏輯與思辨也有思想的可能。那時他就告訴我，我們應當一起在印度禪變為中國禪（即祖師禪，這一點達摩、慧能已完成）之後，再把中國禪變為世界禪，即把佛家慧能視為普世思想家。把禪的思想看作世界的一種精神出路和新的思維方式。他的這一見解給我以極大的啟迪，所以我也開始研讀《六祖壇經》。一九九七年我又開始研讀高行健的《八月雪》。在這個劇本裏，我發現了慧能的前無古人的自由精神，也是高行健提出的、前所未有的自由原理。所以我一再說，《八月雪》不是宗教戲，而是心靈戲。高行健通過慧能這一形象告訴我們如何得大自在，如何得大自由。自由不是他給的，而是自給的。自由不能向上帝和政府去討乞，即不能等待外部自由條件成熟之後才去表述。唯有自己覺悟到、意識到自由才有自由，所謂「悟即佛」，可以解說為：覺悟到自由就在自己手中便是佛。高行健筆下的慧能，把自由視為最高價值。他自覺地擺脫一切「物役」（本來無一物，何處惹塵埃），自覺地拒絕宮廷的誘惑（不接受「王者師」這類功名），自覺地打碎傳宗接代的「衣缽」和燒掉至寶至貴的「法衣」，只知「禪」，不知「宗」（只求真理，不謀門派）。重自由重到九鼎之上（比黃袍加身重要）和八宗（中國佛教八宗）之外，這正是西方學人尚未充分意識到的普世思想價值。

二〇〇〇年高行健獲得諾貝爾文學獎之後，許多院校請我演講，我着重講述「高行健狀態」。認為高行健狀態乃是真正的文學狀態，即非功利、非功名、非集團、非市場的狀態。充分個體獨立狀態，這也是禪的狀態。關於高行健，我已出版了三本研究書籍，第一本的書名就叫做：《論高行健狀態》。國內許多作家不知道什麼叫做「文學狀態」，但高行健很明確。「禪」幫助他明確。後來我到德國愛爾蘭根大學參加「高行健國際研討會」，發表了《高行健的自由原理》，談的也是「自由就在自己的覺悟中」這一理念。對於當代作家，我唯一跟蹤其腳步的只有高行健，出國後我就記錄他的行程與出版物，做了他的「年譜」，並為他的書籍作序作跋（至今已作了七次），尤其是對他的思想和作品，更是認真思索，因此又出版了《高行健論》（台灣聯經出版）、《高行健引論》（香港大山文化出版）、《再論高行健》（台灣聯經出版）。我原來十分關注中國當代文學，特別喜歡閱讀高行健、莫言、賈平凹、閻連科、余華、蘇童等作家的作品，後來因為跟蹤不上當代文學的步伐又熱衷於返回古典，就只能抓住高行健了。不過，我還是竭力推崇莫言、閻連科、賈平凹等作家，在莫言獲獎之前，就寫了《赤子莫言》、《黃土地上的奇跡》等文章，毫無保留地推薦。可惜我已力不從心。當代作品太多，我實在讀不過來。

二〇〇〇年我被香港城市大學聘請（校長張信剛、副校長黃玉山），到那裏擔任客座教授，先在中文、翻譯及語言學系半年，之後便到鄭培凱先生主持的中國文化中心。這個中心網羅了天下研究中國文化的學者，並規定講課必須講述近代以往（清代和清代以前）的傳統文化。真巧，這一宗旨正好和我的閱讀中心合拍。一九九五年之後，我除了研讀禪宗著作之外，就重讀中國文學的四大名著，即《紅樓夢》、《西遊記》、《三國演義》和《水滸傳》。三五年裏，我真的讀得熱血沸騰，感慨萬千，而且充滿表述的渴望。

八十年代裏，我從事文學理論研究，就着意排除「政治第一，藝術第二」的文學批評標準。那時，我內心已確立了自己的批評準則。我認為，考察文學作品，一是要考察其「精神內涵」（遠遠大於政治內涵），二是要考察其審美形式（即藝術形式與藝術成就等）。當然，我也用這個準則考察中國四大文學名著。重新閱讀之後，我發現，就其審美形式而言，四部長篇都不愧為「大才子書」，不愧為「文學經典」。他們所以會征服中國千百萬讀者，確實有其藝術魅力的原因。然而，就其精神內涵而言，四部名著卻有天淵之別、霄壤之別，絕對不可同日而語。簡要地說，四部中的《紅樓夢》與《西遊記》，乃是好書，而《三國演義》與《水滸傳》，則是壞書，偽經典。如果用意象性語言表述，前兩部書是佛光普照，童心磅礴，可稱作中國人的「天堂之門」；而後兩部則凶心橫行，機心處處，可謂是中國人的「地獄之門」。難怪中國的民間智慧要提醒：「少不看《水滸》，老不看《三國》。」我的這一基本認識，很希望告訴學生，也很希望告訴社會。我覺得後兩部小說對中國世道人心的破壞之巨，實在無與倫比，我要借用捷克革命英雄伏契克的語言對自己的同胞說：警惕啊，我是愛你們的！

我在中國文化中心開始講述四大名著。按照以往的思維習慣，應是先破後立，可是，我的講述卻是先立後破。即先講述《紅樓夢》與《西遊記》。可惜的是我不善於安排時間，《紅樓夢》講得太多太長，把《西遊記》擠到只剩一節課就草草收兵。也因為太匆忙，所以後來《紅樓夢》寫了五本書：《紅樓四書》和《賈寶玉論》，《紅樓四書》包括《紅樓夢悟》、《共悟紅樓》、《紅樓人三十種解讀》、

《紅樓哲學筆記》。而《西遊記》一本也沒有寫出，從二〇一五年起，我決心把《西遊記的領悟》一書完成，唯如此，才可對四大名著有個完整的評價。

我的有關《紅樓夢》的寫作在一九九六年就開始了，一九九八年交稿的《獨語天涯》中就有一節「紅樓夢閱讀」，由四十四段悟語組成。而在《罪與文學》（與林崗合著，二〇〇〇年完成）中，則有「偉大的懺悔錄」一章，從「共同犯罪」的超越視角闡釋《紅樓夢》。二〇〇二年在香港三聯擔任總編輯的李昕和編輯舒非得知我在城市大學講述《紅樓夢》，便約我寫成書籍，由三聯負責出版。在李昕、舒非諸友的鼓勵下，我才開始整理這之前所寫的數百段悟語和講稿。第一本便是《紅樓夢悟》。二〇〇四年李昕調回北京擔任北京三聯總編輯，又把香港三聯的書稿帶回北京出版。

在城市大學任教時，我每天都泡在圖書館裏，這期間我閱讀了上百種國內外的《紅樓夢》研究書籍，從那時起，我就意識到《紅樓夢》研究著作太多，可謂汗牛充棟，再增加一本評述書籍恐怕沒有什麼意義，倘若要贏得意義，那只能從方法論上先給予突破。前些年我寫《紅樓夢》悟語，本就沒有什麼目的，更沒有學術上的動機，只是生命需求。這回整理成書，當然也要堅持「無目的」的寫作，把自己內心真實的感悟書寫下來。以往的《紅樓夢》研究，其基本方法只有兩種，一是考證，二是論證，均屬實證。我認為，《紅樓夢》的內涵，既有「實在」（真事），也有「虛在」（夢幻與虛構）。《金瓶梅》不同於《紅樓夢》，也是經典性作品，但它只寫實在，即只用現實主義方法如實地書寫社會與人性。它不寫虛在，沒有《紅樓夢》似的夢幻仙境和形而上品格。《紅樓夢》中的「實在」部分可以考證、論證，但前人已下了一兩百年工夫，我沒有突破的能力。而對於「虛在」，我有許多領會。我覺得，對於這一部分，很難實證，只能悟證。即曹雪芹自己所說的，「可心會而不可口傳，可神通而不可語達」（第五回）。因此，我決定使用悟證方法（心會神通之法）寫作。這種方法乃是禪的明心見性的方法，而不是邏輯與思辨的方法。例如對於「意淫」，就很難實證也很難考證，只能悟證。悟證之下，我可以說，意淫即性愛的想像解決，也可以說是單方面的精神之戀。我的這種說法，很難證明也很難證偽。還有第十九回賈寶玉與林黛玉一起，寶玉發現黛玉身上有種特別的「幽香」，就要搜尋黛玉衣服裏是否藏有藥物，此時林黛玉制止道，告訴寶玉：我身上確實有一種特別的香味，可是連我自己也不知道這是什麼味道？那麼，到底是什麼味道呢？以往的《紅樓夢》論者，有人證之是體香，有人證之是藥香，我則悟出，這是林黛玉靈魂的芳香。她的前世是「絳珠仙草」，也可以說這是仙草的芬芳。我如此悟說，既不可證明，也不可證偽。《紅樓夢》中的許多情節許多人物關係，都只能悟證很難實證。例如書中的「夢中人」是個重要概念，那麼，賈寶玉的夢中人是誰？僅僅是林黛玉嗎？而史湘雲、薛寶釵、香菱、晴雯、鴛鴦、妙玉、秦可卿等的夢中人是否就僅僅是賈寶玉？還有，主人公賈寶玉是不是作者的第一夢中人（理想人物）？如此等等，都只能悟證，而難以考證與實證。我之所以寫了六百段悟語（《紅樓夢悟》三百段，《紅樓哲學筆記》三百段），便是因為每一段都有所悟，但又不必對悟的內容進行論證與實證。道破即可。禪沒有思辨過程和邏輯過程，我的悟證也是如此。由悟證取代實證，這是我杜撰的第一方法。第二方法是用心性本體論取代認識論。《紅樓夢》研究成果甚豐以致形成一門「紅學」。而我則是紅學的「檻外人」，即不把《紅樓夢》作為研究對象，而作為心靈感應對象。研究總是先有主客之分，文本是客體，研究者是主體。而我沒有主客體之分，只把自己的心靈融入紅樓的心靈，心心相印，以心發現心。一九四九年之後，《紅樓夢》研究事業相當興旺，但使用的都是認識論，因此論證的往往便是「封建社會的百科全書」和「資本主義萌芽時期的思想」等等。但是，認識論只把《紅樓夢》與「歷史」掛鈎，忽略真心靈與真人性的超歷史內涵。認識論把《紅樓夢》放在「時代」的維度上，而心性論把《紅樓夢》放在「時間」的維度上。所以我聲明，我要把《紅樓夢》研究從歷史學、考古學的地盤上拉回文學、美學、心性學的地盤上。

儘管我用悟證取代實證，用心性論取代認識論，但我並不絕對排斥認識論和其他哲學理論。所以我也嘗試對《紅樓夢》進行存在論的閱讀，甚至也借用李澤厚先生關於儒學結構深層與表層之分的觀念來說明賈寶玉形象，從而糾正過去《紅樓夢》研究中把賈寶玉界定為「反儒」、「反封建」的本質化傾向。然而在借用之後，我又覺得用儒學認識論來解釋賈寶玉帶有很大的局限，因此又回到心性本體論，說明賈寶玉的「親情」完全是心性使然，他孝順父母與儒家觀念（深層觀念）並無關係，其行為完全是天性的結果，而非認識的結果。在《紅樓夢》閱讀群中，我本屬異類。然而，我的講述卻得到紅學家周汝昌先生的肯定和高度評價。也得到周先生的弟子、著名紅學家梁歸智先生的積極肯定。周先生除了贈詩給我並毫無保留地表揚之外，還在眼睛看不見的最後歲月中與他的兒女說：劉再復對《紅樓夢》的見地是兩百多年來對《紅樓夢》的最高認識水平。周先生的性情如同賈寶玉，他的考證成就極高，又是悟證的先河，能作如此真情真性的評價，我當然衷心高興。

第十章

兩座地獄之門的發現

二〇一七年，劉再復與李澤厚在美國劉蓮（劉再復小女兒）家合照。

二〇〇二年我開始在香港城市大學中國文化中心講述《三國演義》與《水滸傳》。課程的名稱就叫做「雙典批判」。二〇〇九年北京三聯出書，仍然沿用這個名稱。講課時我就聲明，我對《三國演義》與《水滸傳》完全是另一種讀法。對這兩部文學名著，我講述的基本點是批判的。當時，我對此雙典的基本認識已經形成，而且已寫作了一百則讀書筆記。這些筆記，後來我作為《雙典批判》的附錄發表。這一百則筆記的第一、第二段，我如此寫道：

（一）阿根廷的詩人作家博爾赫斯曾批評美國作家愛倫．坡的作品過分渲染悲痛。愛倫．坡自己說：「恐怖不是來自德國，而是來自靈魂。」博爾赫斯認為，他沒有必要從德國浪漫派的作品中尋找恐怖（《博爾赫斯談話錄》，第一〇一頁，上海譯文出版社，二〇〇八年版）。可是愛倫．坡卻為我說出一項真理，恐怖往往來自兩部文學經典。從少年時代開始，《水滸傳》與《三國演義》就開始不斷襲擊我的靈魂。李逵刀砍四歲嬰兒小衙內，武松揮刀殺嫂又殺小丫鬟，張青夫婦開人肉飯店，劉安殺妻招待劉備，曹操殺王垕以安軍心，還有三國時期戰爭中那種說不盡的詭術、騙術、權術，一樁一樁全是噩夢。我對雙典的批判，便是借此走出噩夢，走出恐怖，走出人性恐怖圖像給自己投下的陰影。

（二）終於意識到，和《水滸傳》的邏輯（凡造反使用什麼手段都合理）劃清界限，和《三國演義》的邏輯（偽裝得愈好，成功率愈高）劃清界限，才有靈魂的健康。無論是對於自己還是自己出身的民族，都是如此。水滸英雄們大塊吃肉，大碗喝酒，身體是健康的，強壯的，但靈魂並不健康。樂於「排頭砍去」的靈魂是有病的，把潘金蓮的人頭拿來當祭物的靈魂是有病的。三國的豪強們爭奪天下，激情燃燒，身體也是健康的，強壯的，但頭腦佈滿權術，心中全是機謀，哭也假，笑也假，靈魂更不健康。愈向雙典靠近，靈魂愈是佈滿病毒。

講課時，我先作了一個序論似的講話，讀了這兩段筆記，並且說明：我們中國人，五百年來靈魂愈來愈不健康，其重要的原因是受了《三國演義》和《水滸傳》這兩部壞書的影響。梁啟超在一百年前就說過：

吾中國人江湖盜賊之思想，何自來乎？小說也；吾中國人妖巫狐鬼之思想，何自來乎？小說也……小說之力直接間接以毒人如此其甚也。（《論小說與群治之關係》，《飲冰室文集》之三，第十二至十五頁，台北新興書局，一九五七年再版本）

梁啟超所指的小說便是《三國演義》和《水滸傳》等。可惜他指出這些小說的「毒人」之甚，沒有引起中國人的充分警惕。正如斯賓格勒警告「暴力、性、毒品」將導致西方的沒落，未能引起西方的注意。魯迅一生致力於改造國民性，即致力療治中國病態的靈魂，可惜他還是沒有狠狠抓住這兩部壞書。儘管他看出這兩部書的問題，指出中國人為什麼喜歡這兩部小說，因為中國本來就是一個「三國氣」與「水滸氣」很重的國家（這已很了不起），可惜他未能進一步警告。我早已放棄「改造國民性」的念頭，只有「自救」之思。但是，如何「自救」呢？我終於想通了：就從批判這兩部小說開始。即從走出中國的地獄之門開始。世界上最黑暗的地獄，其實不是牢房和地下室，而是心獄。人心的地獄是最黑暗、最難衝破的地獄。沉醉於這兩部經典而無批判能力，就會用這兩部書籍塑造自我的心獄，把自己變成充滿凶心與機心的怪物。也許是我的態度極為鮮明，因此，那天聽課的學生也震撼了。下課時許多學生留下課室裏，問了許多問題，他們有人看過《三國演義》和《水滸傳》電視連續劇，還會唱「該出手時就出手」的歌。我問他們：李逵一出手就把四歲的小衙內砍成兩半，武松一出手就把鴛鴦樓裏的十五個無辜濫殺，連小丫環與小馬伕也不放過，這種出手合情合理嗎？我們不能光為水滸英雄的出手叫好，還得想想他們的出手有無道理，有無人性。二〇〇五年和二〇〇六年，我到台灣的中央大學與東海大學「客座」時又講「雙典批判」，那時有幾個學生告訴我：「劉老師，原來《三國》、《水滸》也可以這樣閱讀，真沒想到。」我說，這兩部小說已進入我們的潛意識，因此，對小說人物的病態靈魂，我們也無動於衷了。

從台灣返回美國後，我用了一年多的時間把「雙典批判」的講稿整理出來，二〇〇八年交給北京三聯總編李昕兄，他選擇朱競梅作為責任編輯（她是一個極好的編輯），並於二〇〇九年正式出書。李昕很有慧眼，讀了書稿後，立即回覆我：想用八個字評價此書：石破天驚，不同凡響。還說他尤其喜歡下半部對《三國演義》的批判。而我自己，則分不清二者批判分量的高低，只明白無論對《三國》還是對《水滸》，我的批判都用了最大的力度。在整理講稿的寫作中，我想得很多。想到：為什麼中國人會失去平和，出了那麼多「水滸中人」？為什麼中國人會失去誠信，出了那麼多「三國中人」？這裏有現實原因，有教育原因，也有文化原因。而這兩部小說對中國人的毒害，便是文化原因之一。

在對《水滸傳》展開批判時，我重溫了托爾斯泰和甘地的思想。這兩位聖者並不反對抗爭，但主張抗爭手段必須是文明的手段，即非暴力的手段。在他們看來，「以暴易暴」毫無意義。任何暴烈手段都無法帶來進步。手段比目的更為重要。黑暗、卑劣的手段絕對抵達不了崇高、神聖的目的。我批判《水滸傳》的兩大邏輯，即「造反有理」和「欲望有罪」（生活有罪），並不是籠統地判定造反無理，而是批判其「凡造反使用任何手段都合理」的公式。水滸好漢，打着「替天行道」的旗號，在此神聖旗幟下，他們不擇手段地逼朱同上山，逼秦明上山，逼盧俊義上山，為了達到造反的目的，他們不惜砍殺嬰兒、濫殺無辜，甚至不惜屠城而讓屍首遍地、血流成河，如此手段，如此黑暗，可是，中國人卻一代一代地把他們視為英雄，捧為天人天神，這樣下去，中國人心怎能光明與文明呢？

對於《三國演義》，我在城市大學也作了一次痛快淋漓的「聲討」。我在童年時代就聽堂哥講三國故事，後來一直崇拜諸葛亮。讀初中時（成功中學），有一位很親近的比我年長兩三歲的同學（他的名字叫做陳宏謀），他是一個諸葛亮的崇拜者。他經濟條件比較好（其父是小學老師），買了一本書名就叫做《諸葛亮》的小書，大約十萬字。他看得如癡如醉，也借給我看了好幾天，看後我們就討論。那時，我還沒有足夠的思想能力分辨計謀、機謀、心機、心術這套東西的好壞優劣，也跟着崇拜諸葛亮。到了高中（國光中學）之後，我才第一次閱讀《三國演義》的全文本，奇怪，讀後並不那麼喜歡，雖然非常嚮往諸葛亮，但總覺得味道不太對。不過，也沒有深想下去。經歷了文化大革命之後，我開始懷疑《水滸傳》（從心靈角度），也懷疑《三國演義》，覺得《三國》中的英雄都戴假面具，很像在「文革」中讀到的小說和戲劇，那些所謂「高大全」人物，個個都戴假面具。不過，因為諸葛亮的光輝仍然覆蓋着自己的內心，所以也不敢多想。出國之後，我的心靈更開放，對以往的人生（包括閱讀人生）進行反省，才真正有所覺悟，最後終於產生一種對《三國演義》的厭惡感。厭惡感從心理轉為生理。人們一提起劉備、曹操（演義中被歪曲的曹操，不是歷史上真實的曹操），我就噁心。覺得這一偽（虛偽）一黑（黑心），正是人性惡的極致，中國靈魂病態的「典型」，非常醜陋，非常噁心，實在受不了。對於諸葛亮，我也開始反省自己過去的盲目崇拜，雖不否認他的智慧，但知道他的智慧乃是破壞性的智慧。也是在這個時候，我才發現，諸葛亮也常常戴假面具。他知道周瑜死了，高興得不得了。但去悼念時卻裝得格外傷痛，哭得死去活來，連魯肅都受感動。出國之後，我的心靈經受了滄桑、苦難、環境大變動的洗禮，真的有所覺悟。到了新舊世紀之交，我已完全不能忍受一切戴假面具的假人假行了。我開始覺悟到，人生人生，唯有真，唯有誠，才有價值。對於人性，最強最烈的腐蝕劑，乃是虛偽。我姓劉，但要自覺地拒絕劉備那一套假言假行，那一套瞞和騙。也要拒絕小說中的曹操，拒絕他那種「寧負天下人，休教天下人負我」的自私哲學。也因為有曹操這個參照系，我才更愛賈寶玉身上的佛性。他與曹操正好相反，他做人不在乎別人對自己如何，只在乎自己如何善待他人。父親把他打得死去活來，他沒有半句怨言。趙姨娘老是加害他，他卻從不說姨娘一句壞話。因為父親、姨娘打擊他，這是父親、姨娘的事，而如何對待父親、姨娘，則是自己的品格。二〇〇二年我在城市大學講《三國演義》的時候，已把《三國》和《紅樓》作了對比，也把曹操與賈寶玉作了對比，到泰國去演講，也把曹操與賈寶玉作了對比。我所以講得特別痛快，就因為我從內心深處明白了怎麼做人，明白了應有怎樣的良心接受與良心拒絕。我真的很高興，真的享受到講述的至樂。那種學術與生命緊密相連的至樂，那種頭腦與心靈相融相契的至樂，只有在批判雙典時才真正感受到。二〇〇九年《雙典批判》在北京三聯出版後，我對朋友說，不管外部有什麼評語，但最重要是我已發出內心真實而自由的聲音。我知道《雙典批判》不是空頭文章，不是官樣文章，不是應酬文章，而是為了拯救自己的靈魂、端正自己的人性所寫的著作。沒想到，《雙典批判》出版後的第二年即二〇一一年，有媒體報道說，《雙典批判》被當年的「傳媒大獎」提名了，與齊邦媛、遲子建、張大春、張煒一起進入前五名。聽了之後，我一面佩服評委的膽識，一面則哈哈大笑說：《雙典批判》不受批判、不受查禁就很幸運，還想獲獎嗎？我可沒有得獎的任何「一閃念」。過了兩年，北京三聯朱競梅（《雙典批判》責任編輯）告訴我，《雙典批判》獲得出版署（官方）授予的「走出去」精品獎。這真是出乎意料。我想，事在人為，出版署裏也有開明的人，不喜歡暴力、心機、心術的人。

《雙典批判》出版不久，就有英文版、韓文版問世。韓文版問世時，《朝鮮日報》週刊記者李東勳先生採訪我：韓國人也很喜歡《三國演義》，這說明什麼？我坦率地回答：這說明你們的「國民性」也有問題。我真的感到這人間世界，「三國中人」與「水滸中人」到處都有。中國有，韓國也有。所以在有關教育的談話中，我又說：我們的教育目標之一，應是培養那種與「三國中人」和「水滸中人」有區別、有距離的人才。

第十一章

捍衛「個體五四」和拒絕孔子還鄉

二〇一六年，劉再復參與香港科技大學人文學院「文學風華」圓桌論壇。（李佩樺攝）

《雙典批判》出版後，本想開始寫作「西遊記的領悟」，但是，在閱讀小說文本時突然想到，在台灣東海大學講述的《李澤厚美學概論》還沒有整理出來，於是，便決定先把「概論」完成。二〇〇八年我從北京（鳳凰衛視的「世紀大講堂」設立在北京大學，我必須去講述已經答應的題目：中國貴族精神的命運）回來之後便投入《李澤厚美學概論》的寫作，即又一次進入相關的閱讀、思考與研究。李澤厚先生雖然就在身邊，但他聲明，絕不參與我的寫作，也不會閱讀我的初稿，只能在書籍出版後當我的第一個讀者。於是，我只能獨自埋頭書寫，面壁獨立思索。在重新閱讀後，我對台灣的講稿又做了一些提升，讓要點更為突出。所謂突出要點乃是讓自己的發現表述得更充分。這發現包括三個：第一，發現李澤厚美學乃是「男人美學」。我是文學中人，喜歡用意象表述思想，而「男人美學」這個意象性概念，尼采曾經用過，此次我決定借用它來表述自己的判斷。在讀中學的時候，我就了解當時中國的一場美學論爭，論爭的主角是蔡儀、朱光潛與李澤厚。李先生當時還很年輕，我比較靠近他的觀點。蔡儀先生是我所在的文學研究所的研究員，我在進入文學研究所之前也讀過他的《文學常識》和他主編的《文學概論》，當然也讀了他的一些美學文章，但因為他太強調客觀性、自然性而使我難以認同。在我看來，離開人，就無所謂善惡，也無所謂美醜，所以一直進入不了他的「無人美學」。至於他的「美即典型」定義，我更是拒絕，但我還是尊重他「這個人」。排除蔡儀先生之後，困擾我的一直是李澤厚與朱光潛的美學區別。當然，從書面上，我可以把他們的論點列舉出來，但這不是我的習慣。對於一個總想叩問究竟的人，我還是想用自己的語言對兩位前賢的區別作一個較為生動貼切的表述。思想了很多年，到了新世紀之初，我終於想到應當用「男人美學」與「女人美學」這兩個概念來表述李澤厚美學與朱光潛美學的不同。所謂「男人美學」，是指具有哲學歷史縱深度的美學。這是以柏拉圖為開端的美學。柏拉圖說，美不是指美麗的姑娘、美麗的罈罈罐罐等。美是指美本身，即美的共同理式，也就是美的共性、共相和共同形式。從柏拉圖到康德，西方哲學家所探究的「美」，均屬於這種探究美的本質、美的根源的美學。我把這種哲學家美學稱作「男人美學」。李澤厚的美學正是屬於這種美學，他講自然的人化、歷史的積澱、情本體以及探索美的發生和美是什麼等等，都帶有男人美學的特徵。而朱光潛的美學則是探索文學藝術中的美感和審美過程，那是一首詩、一場戲、一部小說的審美故事。我從事文學批評數十年，覺得自己正在從事這種審美體驗。這種美學，乃是文學家的美學，我把它稱作「女人美學」。作了這種區分之後再回過頭看看李澤厚美學，便可看到他的美學體系乃是「男人美學」體系。

不管對不對，我覺得自己的這種說法，前人尚未說過。

我在《李澤厚美學概論》中還高度評價李澤厚關於中國美學的研究成果——《美的歷程》與《華夏美學》。把二者界定為李氏中國美學研究的外篇與內篇。外篇講的是廣義美學，內篇講的是狹義美學。

對於外篇（《美的歷程》），儘管一版再版，讀者很多，評論也很多，但多數人都以為這是李先生概說的中國藝術史，或中國文學史、中國美學史，但我發現，這些說法都太籠統。準確地說，這是一部前所未有的中國審美趣味的變遷史。漢代有漢代的審美趣味，唐代有唐代的審美趣味，宋代有宋代的審美趣味。一個時代的審美趣味，既體現在建築上，也體現在詩詞上，既體現在對美人身段的觀感上，也體現在對服飾服裝的選擇上。無論是在中國美學史上還是在世界美學史上，都沒有人從這一特殊的角度寫過書籍。而對於內篇（《華夏美學》），李澤厚先生的貢獻則是把中國儒家美學充分開掘出來，不再沿襲美學只在道家的偏頗。尤其難得的是，李先生不是開掘儒家美學的「形」，而是開掘了儒家美學的「神」。這些神髓，李先生用「樂感文化」、「情本體」、「情理結構」、「線條藝術」等獨創的命題加以描述，這更是前無古人。

我寫完初稿時，李先生已近八十高齡，對於名聲，早已看淡。然而，此書出版時，他還是很快就閱讀，並且十分高興。對於我所講述的男人美學與女人美學的區分，他也沒有異議。後來他還告訴我，社會科學院哲學研究所美學研究室的主任和別的一些美學研究者，讀了概論之後，也衷心讚許。於是，我就放心了。

在寫作《李澤厚美學概論》的同時，我編寫了另一部著作《共鑑五四》，並用一則和李澤厚的對話作為代序。在這篇「對話」中，我們以鮮明的態度肯定「五四」運動，認為「五四」很了不起，當時的「反孔」也很了不起。我們還表明一個看法：現在中國缺少的還是科學與民主。「五四」所提倡、所啟蒙的內容並未過時。我為什麼在二〇〇八年要把過去有關「五四」的文章彙編成集？因為當時「尊孔讀經」的思潮又甚囂塵上。有人主張把孔子的誕辰定為中華民族的新紀元，有的主張把孟子母親生日定為中國母親節，有的大行三跪六拜之禮，有的乾脆主張學校恢復「六經」教程。針對這些現象，我寫了《誰是最可憐的人》，認為孔夫子是中國最可憐的人，因為他總是像泥團一樣被任意揉捏。隨着政治的需要，他時而被打倒在地，時而被捧上九天，時而被揉捏成「至聖先師」，時而被揉捏成「復辟小丑」。而在二十一世紀之初，他則被利用來打擊「五四」個性解放精神，維持專制體系。我和李澤厚先生一直認為，「五四」新文化運動的特點，也是它的啟蒙功勳，在於發現「個人」，突出個人，張揚個性。儒家文化中也有個體人格精神的表述，如《論語》所說的「三軍可奪帥，匹夫不可奪志」，孟子所講「大丈夫」精神：「富貴不能淫，貧賤不能移，威武不能屈」等等，但是這不是現代「個人主義」，不是現代的個人自由。在中國傳統文化中，雖有個人精神格調，但沒有個人的戀愛自由、婚姻自由、讀書自由等等，這種物質性質的個體解放與個體自由，只屬於西方，不屬於中國。「五四」的功勞正是突破中國傳統文化的大局限而高舉個性解放和科學民主的旗幟。因此，如何對待「五四」，乃是一個根本性的大原則問題。我和李先生認定，在大原則面前，我們不應當讓步，也不會讓步。所以，《共鑑五四》便以這樣的對話為開端：

劉：今年是「五四」新文化運動九十週年，香港三聯約我一本書，我就把這兩年發表的有關於「五四」的訪談、對話、文章彙為集子，也借此更加明快地表述一下自己對「五四」啟蒙運動的思想……

李：我讀了你最近發表在《書屋》的文章和訪談，寫得很好。我對「五四」的看法沒有改變。在詆毀「五四」、盛行尊孔成為時尚的今天，我更頑固地堅持原有的看法。「五四」了不起。胡適、陳獨秀、魯迅之大功不可沒。

劉：「五四」了不起……我雖然談論「五四」的缺陷，但也充分肯定其歷史功勳。白話試驗，文字奉還，個性呼喚，發現傳統資源不足以應付現代化的挑戰和理性邏輯文化的闕如等，都是功不可沒。

李：談論中國近現代史，特別是近現代文化史，前不可能繞過康、梁，後不可能繞過陳、胡、魯。他們是重要的文化歷史存在。可以不講陳寅恪、錢鍾書，但不可不講魯迅、胡適。

劉：陳、魯、胡作為「五四」新文化運動的旗手，其思想代表了一個時代並輻射了幾代人。康、梁那個時代講的新國民，着眼點還是「群」，陳獨秀、魯迅、胡適卻破除「國家偶像」，着眼點是「己」，突出的是個人。所以我說康梁時代是「民族——國家」意識的覺醒，「五四」則是「人——個體」意識的覺醒。之後還有「階級」意識的覺醒。三者形成中國近代思想史的主流。

李：「五四」時期各種思潮聚匯，當時的無政府主義思潮就很盛行。「五四」

突出個人，張揚個性。可惜後來「個性」又被消滅了。「五四」的了不起，正在於它的主題鮮明，擊中要害，中國缺的正是個性和個體獨立的精神與品格。

劉：這個問題至今也沒有解決。在中國，支撐個人獨立不移的品格真不容易。我喜歡用「個體靈魂主權」一詞來表述。覺得康梁時代關注的重心是國家主權和相應的社會制度合理性問題，而「五四」關注的重心則是個人靈魂的主權。反對奴性，反對國家偶像，反對族群偶像孔夫子，都是在呼喚靈魂的主權。

李：「五四」批判孔家店不同於「文革」的批孔，兩者實質內容，恰好相反。漢代「獨尊儒術」以來，唐、宋、元、明、清都尊孔。其中的確有維護封建專制統治的方面。康有為的變法改制還必須打着孔子的旗號，可見走向現代化，舉步維艱。直到「五四」才直接挑戰孔子，結束兩千年一貫的尊孔歷史。「文革」時的批孔尊法倒是維護專制統治。第一幕是了不起的悲劇，第二幕是可笑的鬧劇。

劉：第一幕中孔子雖然承受中國文化負面的全部歷史罪惡，但批判的畢竟不是孔子儒家的原典，而是被宋儒明儒和後人改造過的變形的孔夫子。從這一意義上說，「五四」的批孔，反而去蔽存真，揚棄了真孔子的覆蓋層，使孔子的原典學說具備恢復本來面目的可能。您寫《論語今讀》，不就得益於「五四」的批判，直面沒有被遮蔽、被改造的孔子嗎？「文革」第二幕，我們親自經歷過，那確實是相反，狠批的是孔子原典和孔子本人，把孔子說成是「巧偽人」，把《論語》一段一段宰割，而把「五四」批掉的「忠」字舉得高入雲天，愈批愈走遠，不僅離孔子原典愈遠，也離「五四」的現代精神尤其是科學民主精神愈遠。去年我應《金融時報》張力奮兄的邀請，寫了《誰是最可憐的人》，認為孔子最可憐，因為他被隨便揉捏，隨便解釋。其次孔子的儒家原典具有很高的倫理價值、教育價值，甚至有很高的哲學價值。正如您在《論語今讀》中所評價的那樣，孔子把人的地位提得很高，確實是具有原創性的思想體系。但是孔子學說後來被改造成為帝王服務的典章制度和意識形態以及「三從四德」等一套行為模式，就變得面目可憎了。「五四」攻擊的實際上是變形變質了的孔夫子。您在《波齋新說》裏首次把儒分為表層結構與深層結構，對我很有啟發，《紅樓夢》作為異端之書，它反叛的是儒家的道統即典章制度和意識形態，但是對您所說的「情本體」這種深層內涵，卻極為尊重，所以賈寶玉在意識形態層面上是個逆子，但在倫理情感層面上卻仍然是個「孝子」。

李：你的《誰是最可憐的人》，寫得很生動。對孔子的尊敬，不是讓孔子去媚俗。記得李大釗當年就說過，他們批判的孔子，是宋明道學家塑造過的孔子。其實只有批判掉這個孔子，才能恢復原典儒家的孔子，只有批判「存天理滅人欲」、只講心性修養的孔子，才能恢復重視情感、重視物質生命、重視人民現實生活的孔子。「五四」反對的是在孔子名義下的君臣秩序、父子秩序、夫妻秩序以及所延長的婦女「節烈」觀（連僻遠的山區如張家界也可以看到貞節牌坊），如此等等，這一套確實非常不符合於現代社會的生存發展。是「五四」發出第一聲強烈的抗議吶喊。

劉：魯迅所憎惡的《二十四孝圖》，什麼郭巨埋兒、曹娥投江等等，每樣行為語言，都是在孔子孝道名義下吃人、吃孩子、吃婦女。批判這種變態的孔夫子，也屬天經地義。九十年過去，中國人再也不必去充當悲慘可憐的孝子節婦了，這要感謝「五四」的先人先賢。可是，這幾年，孔夫子恢復名義之後，又有一些知識人要把老師當父親，行拜祭大禮，不知又要把孔子揉捏成什麼樣子？

第十二章

人性真實的第二次呼喚

二〇一六年，劉再復再次受聘於香港科技大學人文學院，居於高級教職員宿舍，房子對面是清水灣的海面，每天他都得以「觀滄海」。

寫完《李澤厚美學概論》和《共鑑五四》之後，我暫時停下寫作，拚命讀書。每年到馬里蘭大學看望劍梅時也是手不釋卷，整天翻書。二〇一二年劍梅因為想和黃剛（我女婿）靠近一些，從馬里蘭大學轉到香港科技大學人文學部。她正式受聘而搬家後，我於該年十月到香港去看望外孫子與外孫女，也接受學校的邀請，於二〇一三年到科大「客座」五個月，按照學校的要求，我必須一個星期講一次課。課程為「文學寫作課」，講課內容由我決定。我不想浪費五個月的時間，就決定講述「文學常識」這一專題，把八十年代以來對於文學的思考講一講。香港擁有講述的自由，我便借此平台，系統地表述一下自己的以「人性論」為中心的文學理念。我在八十年代就大體形成的文學理念其實十分簡單。我認為，文學由三個要素組成：一是心靈，二是想像力，三是審美形式。心靈是前提，是基石。我理解的人性也就是心靈。動物無心，人與動物的區別就在於心靈。不過，在寫作中，我講述人性這一概念時包含更多的「欲望」，而講心靈時則涵蓋更多的「精神」。我認定，未能切入心靈的作品，絕不是一流的好作品。

例如《封神演義》，情節很離奇，讀起來也有趣，但不是一流作品，因為它未切入心靈。許多社會批判小說、社會譴責小說，如晚清的《官場現形記》、《二十年目睹之怪現狀》等，也不是一流小說，因為它們未切入心靈。百年來出現了許多謳歌文學、暴露文學、載道文學，也非一流作品，這也因為它們都沒有切入心靈，只是在社會的表層滑動。所以我的「文學常識」課程即我的文學概論，便高舉心靈的旗幟，突出心靈要素。我在課堂裏和書本裏都說，文學的事業乃是心靈的事業。此心靈與宗教裏所講的心靈，不同處只有一點，那就是文學的心靈是審美視角下的心靈。它多了一個想像的翅膀和多了一個審美形式。

對於文學的功能，我則把它簡化為兩點：一是見證人性的真實，二是見證人類生存處境的真實。這兩點真實既是文學的基本內容，又是文學創作的出發點。文化大革命批判修正主義，拿蘇聯的《第四十一個》作為典型。其實，這部作品是真正的文學作品，因為它表現出人性的真實。在政治法庭裏，它被判斷為「階級調和」的壞作品。而在審美法庭下即在人性法庭下，它則是呈現人性真實的好作品。對於《金瓶梅》，如果把它放在道德法庭上，我們會覺得它淫穢、墮落；如果把它放在審美法庭上，則會看到它呈現的是人性的真實和人類生存環境的真實，是一部名副其實的現實主義作品。在現實社會中，中國的男人何等粗鄙粗糙，看看西門慶就明白。而現實富裕家庭中，女人的關係何等緊張，看看吳月娘為首的西門家的妻妾就明白。《金瓶梅》呈現的中國生存環境非常真實，這就是價值。七十年代末，我們之所以否定塑造「高大全」英雄人物，就因為這種人物的人性不真實。「三突出」的創作原則之所以站不住腳，也是一旦「三突出」就導致人性的虛假。我們之所以不支持文學為政治服務，之所以否定文學的傾向性和意識形態性，也是因為一旦陷入傾向和意識形態，就不可能呈現人性的真實與生存處境的真實。八十年代中期，我出版了《性格組合論》，這部著作的真諦，乃是人性真實論。把人寫得絕對完美完善或把人寫得絕對醜陋險惡都不真實。八十年代思想雖然解放了，但如果一下子就講「人性論」、「人性真實論」，阻力肯定更大，所以我就講「性格組合論」。

既然在香港講述文學常識比較自由，那我就把「心靈」、「人性」作為中心概念加以展開。因為我的這種認知，十分明確也十分徹底，所以對千百年來的國內外幾乎已達成共識的文學理念，尤其是近百年來流行的文學理念，我便提出坦率的質疑、批評與澄清。儘管課程的名字和書本的名字定為「常識」，很低調，但該表明的文學理念我還是坦率地表明，即便是「從來如此」。「眾所周知」的文學「共識」，我也提出異議。在《什麼是文學——文學常識二十二講》中，我對以往的一些權威性文學理念作了必要澄清。當然，這是理念的告別，不是人的告別。即在文學理念上，《什麼是文學——文學常識二十二講》作了如下諸多告別：

（一）告別曹丕

這位魏代的詩人兼君主，說了一句著名的話，他說文學乃是「經國之大業，不朽之盛事」。一兩千年來，這句話成了至理名言，影響巨大。文人墨客為之歡欣鼓舞，帝王政客則重視有加。實際上，這句話誇大了文學的功能。說文學是永恆的（「不朽之盛事」），並無不可，但說文學是「經國之大業」，表面是抬高文學，實際上是貶低文學，因為它把文學視為經國的工具，宮廷的事業。所以他之後的歷代專制帝王，就一面籠絡作家，一面打擊敢言敢寫的作家，把作家變成「經國之奴才」，權力之號筒。文學是超功利的，包括超越國家功利，這是《什麼是文學——文學常識二十二講》表明的理念。

（二）告別梁啟超

曹丕之後一千多年，到了近代，梁啟超又一次膨脹了文學的功能。他說沒有新小說便沒有新國家、新社會。把小說——文學視為歷史的槓桿，扭轉乾坤的神杖。於是，一百多年來，文學又充當革命與改革的急先鋒。從上到下把國家命運壓在文學之上，讓文學不堪重負。這又是文學的不幸。實際上沒有新小說也可以有新國家、新社會，文學可以為新社會的誕生起些催生的作用，但絕不是決定性作用。百年來多少作家，以為自己可以扭轉乾坤，可以改變一切，結果又把文學變成改造世界的器具，與政治糾纏不清，最後把文學變成政治的注腳和應聲蟲。可憐得很。

（三）告別魯迅

魯迅無疑是最偉大的中國現代作家，但他宣稱自己的雜文是「匕首與投槍」，是「感應的神經」、「攻守的手足」，再一次把文學當成戰鬥的武器、政治的槍械。這種理念，只能是他個人的訴求，不可普遍化。我們敬愛魯迅，也喜愛他的作品，但也不得不告別他的這一充滿火藥味的理念。

（四）告別聞一多

聞一多無疑是中國現代正直而傑出的詩人，但他要求詩人充當「時代的鼓手」，這等於要求作家充當馬克思早已批評過的充當「時代的號筒」。文學不是生長在「時代」的維度上，而是生長在「時間」的維度上。偉大的文學作品，總是擁抱時代又超越時代，接納時代氣息又追求永恆價值。作家詩人如果把自己局限於充當「時代的鼓手」，勢必把自己貶低為急功近利的淺浮作家。聞一多之後許多詩人把自己的作品變成時代的號筒、戰鬥的鼓角，結果作品的壽命都不長，時代一變，作品也隨之貶值或消失。

（五）告別劉賓雁

當代作家中，劉賓雁的報告文學無疑獨樹一幟。可是，他自始至終堅持一種文學理念，即文學應當「干預生活」，此一命題來自前蘇聯，但在中國產生了影響。在此命題下，作家總是難以超越現實功利，總是把社會批判當作文學創作的出發點，這樣，作家雖嫉惡如仇，富有道德感，但作品總是進入不了人性的深層。晚清譴責小說的教訓就在於此。告別劉賓雁，意味着不再要求作家充當救世主，也不要求作家充當大眾代言人與社會良心。作家當然要有良心，而且良心應當永遠燃燒着，但這是個人的出自肺腑的良心，不是被社會權威化和標準化的良心。作家詩人一旦企圖把自己的良心權威化、標準化，就一定會遠離真文學。

《什麼是文學——文學常識二十二講》篇幅不大，但它總結了許多經驗教訓，尤其是百年來的教訓。我不因人廢言，也不因人俯就。錯誤的文學理念，不管它出自何人之口之筆，哪怕是我最為敬重的人，也給予質疑與告別。這點徹底性，恐怕正是我與大陸諸多文學理論、文學概論教科書不同的地方。

《什麼是文學——文學常識二十二講》在香港三聯出版之前，《明報月刊》率先作了連載。據說，香港教育局每期都買一萬冊送給中學老師，因此在香港首先產生了影響。這之後，北京東方出版社也籌劃出版北京版。我的這些文學理念，未必是真理，大家本可以心平氣和地討論。只要不把文學的作用過分誇張，怎麼討論也無傷大局。

無論是在馬里蘭大學還是在香港科技大學，我和劍梅都會抓緊時間展開學術對話。我們的對話範圍十分廣泛，有文學，有哲學，也有教育與人生。二〇一二年之前，我們出版了《共悟人間——父女兩地書》，之後又出版了《共悟紅樓》。二〇一二年上半年我們又完成了《教育論語》的對話。此書當然是以「教育」為主要話題。我在對話中表明了對於教育的幾個主要理念：（一）認為教育的第一目的是培育人的全面優秀人性，即提升人的生命質量，而不是培育人的生存技能和職業技能（這是第二目的）。（二）認為中國教育具有「德育」之維，這是寶貴傳統，不可廢棄。但是，二十世紀中的一個時期，卻發生了意識形態教育取代德育的現象。意識形態只能解決人的政治立場，不能解決做人應有的全面品格。（三）德育課應特別注意給學生灌輸道德的共同形式，即超越時代、超越黨派的普遍倫理價值。（四）智育上應側重培養學生對某學科的興趣與自覺，而不是引導學生追求分數。學校中的分數壓力，實際上是一種機器專制。培育學生的認知能力、判斷能力、審美能力等，比給予學生一些學科知識更為重要。這些教育思想的表述，也是我寫作的一部分。

第十三章

歷史長河中的十五種思想顆粒

二〇一六年冬季，劉再復首次抵海南島三亞市，這是在三亞海濱所拍的照片。

在我的寫作史上還有一項值得說說的是思想講述。這種寫作裏只講思想，不顧文采，也不顧結構。學術論文與學術著作當然要有思想，而且這些思想均納入一定的結構中或體系中，而我的思想講述，則完全是自由的思想隨感。這種表述的形式有三種：一是文化隨筆；二是悟語（類似隨感錄）；三是接受報刊雜誌記者的訪談。第一、第二項可歸入散文，所以我和朋友編寫散文集時，就把這些隨筆與悟語囊括進去。而訪談錄我則放入「學術文集」中。因為訪談時所表述的思想，往往更需要學術的支撐。不管放入哪一種文體類型，其可讀之處乃是思想。我的本質是個思想者，所謂文學理論，也可說是文學思想。在社會上產生影響的《性格組合論》、《論文學主體性》、《罪與文學》、《什麼是文學——文學常識二十二講》等，因為有書籍的形式和結構的框架，所以人們都知道我在說什麼，核心思想是什麼，而散見在隨筆、小品、序跋、通訊、悟語以及訪談中的思想，則因為「破碎」（也可稱作「思想碎片」）而被忽略。但我自己則非常在乎這些思想顆粒。尤其是到了晚年，我在「從心所欲」的表述中，往往放入對世界、對人生的一些觀察與發現。我自己有時稱這些觀察與發現為「思想顆粒」，有時則稱它為「思想種子」，覺得這些顆粒種子都可以發揮成論文或著作，但我已力不從心，只能點破即止。近二十年來，我表述了近二十種比較重要的「思想顆粒」（思想種子），不妨記錄於下，可讓有心有識的後人進一步發揮與播種耕耘。現選擇十五種介紹如下：

（一）人類的變質

我寫過《人類的集體變質》和《人類愈來愈貪婪》等短文，也多次向記者講述。人類進入現代社會之後，一方面是生活質量愈來愈提高，另一方面則是欲望愈來愈膨脹，以致膨脹為「金錢動物」，即全部神經都被金錢所抓住，金錢的邏輯成為唯一的生活邏輯，對財富（物質）的崇拜超過對人的關懷。以往有兩三套衣服替換就可以了，現在則是二三十套，而且還不滿足。

（二）世界的傾斜

一百年前魯迅在《文化偏至論》中就已發現，世界處於「物質」與「精神」的天平之間，但地球向物質傾斜。二十世紀下半葉之後，這種現象更為嚴重，我發現，除了在物質與精神的天平上向物質傾斜之外，還有，在工具理性與價值理性（真、善、美）的天平中，世界又向工具理性傾斜。在「情世界」與「器世界」的天平上則向器世界傾斜；在「資本」與「人本」的天平上，向資本傾斜。在我的寫作中，以二十世紀七十年代末為界，對前三十年，我批評其政治傾斜（太突出政治，不顧民生），後三十年則批評其物質傾斜（只知道金錢，不知其餘）。其實，人既離不開物質，也離不開精神；前者為生活的「俗諦」，後者為生活的「真諦」，能掌握其平衡點才好。

（三）主體的黑暗

剛到美國一年，我在反思中不斷地想到自己的弱點和問題。按照自己的學術計劃，寫完《論文學主體性》之後應寫《論文學的主體間性》，新作將強調兩點，一是強調作家在肯定自我的主體性時也要肯定他者的主體性，即必須尊重不同風格、不同寫作方式、不同價值觀的其他作家，從而實現多元的文學格局。而在自身的創作中，則要確立超越視角以取代世俗視角，解決矛盾衝突的辦法不是抓出「壞人」即萬事大吉，而是注重「共同關係」（即主體間性）。王國維闡釋林黛玉的悲劇時說，她的悲劇不是幾個「蛇蠍之人」造成的結果，而是共同關係的結果，我們可以引申說，不是善與惡衝突的結果，而是善與善衝突的結果。這個觀點就屬於主體間性的範疇。新作還強調另一點，這就是主體的黑暗。我在《論文學主體性》時側重於講述自我肯定、自我超越、自我飛揚，即主體的光明，類似西方文藝復興時期那種積極肯定人、頌揚人的思路。而論述主體間性，則更靠近十八世紀叔本華等思想家的理念，更注意人的問題，更注意人的欲望這種驅之不去的魔鬼，即主體的黑暗。因為有此學術基礎，再加上一九八九風波的體驗，出國後便強烈地感到，要審判時代，首先應當審判自己；要啟蒙他人，首先應當自我啟蒙；要衝破各種教條與偶像，首先要衝破自我的執迷和自我的偶像。所以我在一九九一年就寫了一篇不想發表只供自我提醒的文章，題為《最後的偶像》，說明最後最難衝破的偶像就是自我的偶像（收入《漂流手記》第一卷）。這之後，我又寫了《自己並不那麼重要》等文章，主旨皆是正視主體的黑暗和自我的不可靠。

正當此思想顆粒發芽的時候，我的好友高行健告訴我，說他正在寫作一部新的戲劇，名為《逃亡》，不是政治戲，而是哲學戲。主題是說，每個人身上都有一座自我的地獄，這是最黑暗也是最難衝破的地獄。戲中的「中年人」告訴正在逃亡的兩個學生領袖說：你們從政治的陰影中逃亡，這比較容易，但要從自我的地獄中逃亡，則很難。這一地獄將緊隨你們走到任何一個天涯海角。行健兄一說，我立即明白，連說這個劇本的主題太深刻了，和我所思所想完全相通。我當即要求行健兄把《逃亡》劇本送給我，讓我多一面鏡子，也多一分清醒。他果然在獲得諾貝爾文學獎之後把《逃亡》手稿寄贈給我。我也在談禪與接受採訪的寫作中一再講述自我的地獄、主體的黑暗。還一再強調，要破「法執」，首先必須破「我執」。作為人文學者，在觀世界時，一定要觀自在。有位讀者讓我題辭，我寫下嫻熟於心的話：自知其無知乃是真知，自明其未明乃是真明。

（四）西方的苦悶

我說的西方，指的是歐洲這些最先工業化、最發達的國家。因此，西方的苦悶也可以說是歐洲的苦悶。文藝復興、啟蒙運動、工業革命、宗教改革等劃時代的事件都從這裏產生。五六百年來，最先進的制度、科學、技術、哲學、文學、藝術等，都是歐洲提供的。幾個世紀中，歐洲乃是世界的火車頭，全世界都成了歐洲的學生。處於亞洲的日本，它的明治維新，其實質乃是向歐洲靠近的改革，所以他們的口號是「脫亞入歐」。中國的「五四」新文化運動，說到底也是接受歐洲文明的運動，早一些俄國彼得大帝的改革，也是引進西歐異質文化的大變動。可是進入二十世紀之後，歐洲卻成了兩次世界大戰的策源地，它帶給世界以戰火、鮮血、納粹和各種災難。二戰之後，歐洲分裂，兩個對立的陣營在此進行較量，世界再也無法安寧。而許多歐洲國家由社會黨執政。社會黨與共產黨一樣，以「平等」為理想，施行的是「劫富救貧」的路線。不同的只是它不主張暴力革命，只重議會鬥爭。因此，它們就高舉福利旗幟，發表福利宣言，推行以高稅收為策略的均貧富路線。然而，這種路線卻造成大群不幹活也享受高福利的懶漢，久而久之，不生產只消費成了習慣，社會必須供養龐大的官僚階層和純消費階層。最近一些年，有些國家因負擔過重（稅收還不足以償還債務利息）而瀕臨破產。面對困局，當然應當改革，然而一旦改革，工會就組織罷工，學校則組織罷課，結果是動彈不得。瀕臨破產，這已夠苦悶，再加上找不到出路，就更加苦悶。苦悶之際，又有北非與中東的難民大量湧入，這又為難了歐洲。因為它本是世界文明中心，具有雄厚的宗教傳統與人道傳統，心地很軟，責任感很強，拒絕難民，於心不安，面子上也過不去。可是要接受，實在是力不從心。自己是泥菩薩，哪能再充當救世主？這又增添了歐洲的苦悶。意想不到的是，從二〇一五年開始，恐怖勢力又盯住歐洲，伊斯蘭國襲擊巴黎，這自然是雪上加霜，讓歐洲陷入更深的困境。美國、歐洲，對我而言，只是思索對象。以往世界犯了思想貧血症，就到歐洲尋找藥方，現在它自顧不暇，哪能幫我們忙？還是自力更生吧，自己動腦筋才是出路。所以我也把對歐洲的觀察與思慮，凝聚成一種思想顆粒。

（五）中國的幸運

講人類與世界時，也常常講中國。這是我的祖國，本能地我投入了更多的關懷。在香港時看到許多文章罵中國，總覺得他們太籠統。罵政府時也把人民裹脅進去。其實，國家既包括權力中心（朝廷），也包括山川、土地、社稷、同胞、文化等等，對於後者，永遠都得愛，對於前者，則需分析。站在中性立場也是超黨派的愛國者立場看中國，就會覺得鴉片戰爭之後一百年，中國一直挨打，實屬不幸。一九四九年後本該國泰民安，但又以階級鬥爭為綱，內鬥連綿，民不聊生，此一時期中國仍然不幸。上世紀七十年代末，文化大革命結束，中國進行自上而下的大改革大開放，這才是中國的大幸。所以是大幸，一是因為民族生活重心從階級鬥爭轉向和平建設，方向對了。二是大門打開得正是時候。那時世界剛剛進入電腦時代，天下剛剛「被網絡」，如果中國被拋棄於電腦時代之外，那就得永遠落後。可是偏偏老天有仁，視中國為親者，讓中國連接上電腦時代，並開始建設現代國家，從鄉村狀態進入城市狀態。不管還有多少問題與困難，中國終於強大了。這不是幸運是什麼？在我的思想講述中，中國的不幸、大幸與時機，也構成一個思想顆粒，這一顆粒散見於許多短文和訪談裏。

（六）欲望的制衡

人是有欲望的，生活總是連着欲望。人類天然擁有欲望的權利，這是欲望的合法性。因此，企圖消滅欲望的任何理念，包括「存天理、滅人欲」的理念以及其「禁欲主義」等極端思維，都是不對的。然而，欲望又不能自由氾濫，即不能為所欲為，因此，社會又必須對欲望進行制衡。如何制衡呢？十八世紀的西方啟蒙家如洛克、孟德斯鳩、盧梭、伏爾泰等都想出一套制衡的辦法。例如孟德斯鳩就想出「三權分立」的辦法。我的朋友林崗把這些啟蒙思想家挖空心思想出來的辦法，抽象為一個普遍公式，叫做「用欲望制衡欲望」（即利益階層與利益集團之間的相互制衡）。我則發現美國這個欲望橫流的國家依靠三樣東西贏得了社會的有序和生活的安寧：一是靠完善的法治體系；二是靠民間道德監督體系（媒體）；三是靠宗教情操。也可以說是靠「警察、記者、上帝」這三樣法寶。

（七）三種哲學的選擇

面對複雜紛爭的現實，當今世界上有三種哲學正在進行較量，也提供人們選擇：一是「鬥爭哲學」，即「你死我活」的哲學；二是「和諧哲學」，即「你活我亦活」的哲學；三是「死亡哲學」，即「你死我亦死」的哲學。最後這種哲學，是「與汝皆亡」的恐怖主義哲學，自殺性炸彈的哲學，我們當然不可接受。而鬥爭哲學，則曾被我們（中國人）接受過。事實證明，「你死我活」的鬥爭只能兩敗俱傷，全輸全贏的局面很少，即使贏了，也會留下許多後遺症，所以最好還是選擇「和諧哲學」，即改良、談判、妥協、商量、雙贏的哲學。也就是說，矛盾衝突，包括階級矛盾和衝突，永遠都會有，但解決的辦法最好是用「階級調和」的辦法，而不是用「階級鬥爭」和「階級革命」的辦法。

（八）中道的智慧

出國後我的閱讀、思考、寫作，致力於學術與生命的銜接，也致力於打通中西文化的血脈。在讀思中，我發現，人類文明史創造了三座文化奇峰，即「西方哲學」、「大乘智慧」和「中國先秦經典」。而這三者都認為「走極端」不是好事，過猶不及。中國佛教八宗均尊龍樹為典。龍樹的代表作《中觀論》，講的是中觀、中道，認定兩極皆是深淵，唯中道是坦途。真諦、俗諦各有其道理，包容兩諦的中道，才是慈悲。康德的二律背反，說到底也是兼容兩端，認定相反的兩個命題都符合充分理由律。而中國的古代經典，從《易經》到孔孟、《中庸》、《大學》，均主張「中和」、「中庸」，「和而不同」。「矯枉必須過正」只能視為策略，即視為「術」，真正的「道」不可「過正」——過猶不及。從「中道」哲學出發，我一直守持「價值中立」，選擇這一立場，不是「姿態」，而是真誠地意識到，唯有價值中立，才能有終極價值關懷。才能超越宗派、教門的偏見，事事着眼於人類的生存、延續、發展（即最大的善）。

（九）兩種真理的兼容

在閱讀與思考中我了解到，真理具有開放性，即真理往往帶有相對性。在人類知識大體系中，存在着兩種不同性質的真理，這就是「實在性真理」與「啟迪性真理」。科學，追求的是實在性真理。這種真理可用邏輯，也可用經驗加以證明，所以它實在。說水在零度時會結冰，一百度時會沸騰，這是實在性真理。但還有一種真理，它不可證明，也不可證偽，例如說「上帝存在」，這就不可證明也不可證偽。宗教與文學中所蘊含的真理，多數屬於啟迪性真理。《紅樓夢》的夢，文學的夢，只是虛在，並非實在。《聖經》中所講的故事，也難以證明它真有其人其事，但它對人有啟迪。佛教講「捨身餵虎」，不見得具有實在性，但它啟迪我們：大慈悲應打破一切界限，包括人界與動物界的界限而愛一切生命，這是「慈無量心」的真理，也是生態保護的真理。《紅樓夢》中的警幻仙境不具有實在性，但它啟迪我們，人類可以追求一種比現實生活更高級、更美好的生活與生命。這部偉大小說中塑造的人物，如賈寶玉、林黛玉等，也只是一種「虛在」，但這些形象個個都能給人以生命的啟迪、智慧的啟迪、美的啟迪。我談中國古代文化經典，發現它具有思想重心完全不同的兩脈（前文已說過），其實，兩脈中的代表作，都展示一部分真理，都有其道理，一者更重俗諦，一者更重真諦。二者完全可以互補。

（十）開闢第三空間

《道德經》說：「一生二，二生三，三生萬物。」這句話啟示我們不僅不可以停留在二元哲學，而且還可以向「第三空間」積極尋求。《紅樓夢》的開端讓賈雨村談哲學，他擯棄了「大仁」與「大惡」，關注第三種人類。《紅樓夢》列舉這類人的代表有：許由、陶潛、阮籍、嵇康、劉伶、王謝二族、顧虎頭、陳後主、唐明皇、宋徽宗、劉庭芝、溫飛卿、米南宮、石曼卿、柳耆卿、秦少游、倪雲林、唐伯虎、祝枝山、李龜年、黃旛綽、敬新磨、卓文君、紅拂、薛濤、崔鶯、朝雲等，用今天時行的語言表述，便是在「敵」和「我」之間，「革命」與「反動」之間，「正」與「邪」之間，「紅」與「黑」之間，「極左」與「極右」之間。這個「之間」乃是非常廣闊的地帶。知識分子唯有選擇在這個地帶生活，才有自由。我的好友高行健，他在創作實踐中就發現了這個廣闊的第三地帶，所以在繪畫中，他創造於抽象與具象之間；在文學創作中，他揚棄了好人與壞人、善人與惡人之分的政治判斷與道德判斷，只承認審美判斷。本世紀之初，我在《亞洲週刊》開闢專欄，並寫了「雙向思維與第三空間」的文章，劍梅回應道：「芝加哥學者群落」（指李歐梵和我們的流亡群落）就生活在第三空間裏。金庸讀了我和劍梅的文章，非常高興，特致信給我，說他的武俠作品中的人物，如陳家洛、令狐沖等都生活在第三空間中。這也是他本人所嚮往的生存空間。可是中國現當代知識分子一直難以贏得這種空間。所以我說，中國知識分子的處境，大體上都是令狐沖處境。他武藝高強，獨立不倚，但對立的兩派（華山派和邪教派）都要求他緊靠一邊，做他們的工具與戰將。因此，他總是彷徨無地，不知所措。出國後，我因為自覺地確立「第三空間」的理念，在行為實踐中，也立身於第三空間，因此，生活與寫作的自由度就大得多。

（十一）自由的原理

熱愛自由，追求自由，這是人的天性。思想自由具有最高的價值，對於知識人而言，廣闊的天地就在思想自由之中。對於創造者而言，自由乃是靈魂活力之源，唯有自由，才有原創的可能。

到了美國不久，我就寫了《逃避自由》這篇散文（被史丹福大學列入中文教材），意思是說，原先以為西方充滿自由，其實是誤解，到了美國，方知沒有能力就沒有自由。不會開車，四通八達的公路不屬於你。有了駕駛執照，有了駕駛能力，大地才屬於你。自由取決於自身。後來我到德國愛爾蘭根大學參加「高行健國際研討會」，提交一篇發言稿，題目叫做「高行健的自由原理」。我受行健長篇小說《一個人的聖經》的啟發，進一步明白，自由是自給的，不是他給的，既不是上帝賜予的，也不是政府提供的。也就是說，自由不能等待外部條件的成熟。即使外部條件不成熟，也可以贏得自由。因此，自由完全取決於自身對自由的覺悟。覺悟到自由，才有自由；意識到自由，才有自由。知識人和思想者應把自由牢牢掌握在自己的手中和意識中。任何寫作者都不能等待外部自由條件成熟之後才動筆。即使在最不自由的年代，如中國文字獄最猖獗的雍正、乾隆時代，也可以產生曹雪芹，在完全無法發言的時刻，也可以如同李卓吾那樣以「藏書」、「焚書」的形式說出自己內心真實的聲音。我並不否定他人向政府、社會、教會、家庭爭取自由，而且欽佩和支持他們的積極自由行為。然而，我不會等待取得了自由許可證才開始自由思想與自由書寫。因為有此自由理念，所以我一直相信薩特「存在先於本質」的公式，即相信人在任何時候都有自由選擇的可能，哪怕在牢獄裏，也有自由選擇的可能，如不下跪的可能。這種自由的理念首先給我很大的力量，也讓我排除了許多怨天尤人的無謂歎息。

（十二）平等的界限

談到普世價值，人們總是想到「自由、平等、博愛」。不錯，人生而平等，美國的《獨立宣言》確認這一點確實很了不起。法國思想家盧梭所張揚的「平等」理念不僅影響西方也影響中國。而在啟蒙家高舉「平等」旗幟之前，中國文化的大小傳統，也都崇尚「平等」。孔夫子的「不患寡而患不均」的思想影響至今，歷代農民革命也都高喊「均貧富」的口號，直至孫中山還樹起「平均地權」的旗幟。平等的思想是仁慈的，然而，它卻導致不仁慈的暴力革命。為了平等，到處都發生殘酷的廝殺。出國之後，我也思索「平等」，並寫了不少短文。在寫作中，我表述了這樣的思想：「平等」，願望永遠是美好的。然而，實現平等，只能在人格層面、心靈層面，還有，在機會面前，在考場面前，在賽場之中。中國禪宗講述「不二法門」，指的是尊卑不二、貴賤不二，即無論處於什麼不同的地位，其人格是平等的。《獨立宣言》所言的生而平等，也是指人格平等。在人格與心靈層面上，高舉「平等」大旗，永遠是正確的。然而，「平等」理念一旦用於經濟層面和社會生活層面則不可能實現。也就是說，要求收入平等，生活水準平等，相應地要求「分配平等」，則是永遠的烏托邦。人的欲望、需求、能力差別太大，社會要實現絕對性的「按需分配」，完全是一種幻想，甚至完全是一種妄念。人類社會的貧富差別導致自由的不平等和民主的不平等，這在很長的歷史時期中還是無法消滅。中國農民革命中的「劫富濟貧」思想，是烏托邦；當下歐洲社會黨的福利路線，也是劫富濟貧的烏托邦。社會黨與共產黨的區別，只在於前者不主張暴力革命，但它企圖通過高稅收、高福利實現經濟平等和生活水準的平等，最後只能導致破產。

（十三）民主的困局

「民主」，原先也是被普遍接受的普世價值。毫無疑問，在只有「專制」和「民主」可供選擇的情況下，人們當然應該選擇民主。歷史證明，獨裁的極權制度是黑暗的，極不文明的。然而，民主政治也並非就是理想的政治。人類的文明史只有幾千年，這在地球史的長河中，只是短暫的瞬間，因此，人類至今還是幼稚的，還沒有找到最理想的政治制度。在二十世紀的人類實踐中，民主思潮風起雲湧，這是好事，然而，也暴露出民主政治的局限。即使民主政治最為成熟的美國和歐洲諸國，民主政治也已蛻化為黨派政治與選票政治。在競選中，黨派的淺近利益總是壓倒民族長遠利益和人類長遠利益。黨派推舉出來的候選人，為了爭取多數票，總是不負責任地迎合選民和無休止地許諾，其煽動性往往超過責任心。有許多國家，公民逐步喪失參與的熱情，其原因正是民主政治本身造成的。有見識的選民看出，政客講的是道義原則，實行的則是利益原則，而且是一黨一派的利益原則。我走過許多國家，但還是看不到「理想國」，就是覺得西方這些民主國度，也有許多困局與騙局。

（十四）中西的差異

我在寫作中，還表述了中西文化差異的思想。關於中西的差異，從近代的啟蒙家康有為、梁啟超、嚴復就開始講述。「五四」時期的啟蒙家陳獨秀、李大釗、胡適、魯迅、周作人等也表述過。我因為和李澤厚先生是近鄰，所以常常傾聽他的見解並參與討論。例如在《告別革命》中，我們就討論「個人主義」在中西文化系統中的不同內涵以及個人地位的浮沉起落等。李先生最近十幾年，著《說巫史傳統》，著《歷史本體論》，思想日益成熟。他表述了中西方文化最大的不同點，是中國乃是「一個世界」（即現世）的文化，而西方則是「兩個世界」（即人世界與神世界，此岸世界與彼岸世界）的文化。因此，西方有上帝（天主），而中國只有天道，沒有天主（人格神）。這一根本區別派生出不同的文化心理，不同的文化傾向，例如西方講的是「聖愛」（上帝是愛的源頭），中國講的是父母愛（父母是愛的源頭）。我進而又發現，中西都講「情」，但西方是戀情大於親情，而中國則是親情先於愛情。唯有《紅樓夢》突破了中國的情感程式。中西都講情和理，但中國講的是「通情達理」，情先於理，合理還必須合情。西方則是合理壓倒合情。韋伯的責任倫理，排斥的是兄弟倫理與意圖倫理，即只看效果，不看動機；只強調合理合責任，不講合情合心性。這種巨大的區別裏又派生出許多處理世事的不同點。中國的合情文化增添了許多人際溫馨，卻消解了許多辦事原則（如走後門）。西方只講「合理」，使得人們具有更多的正義感，但也少了許多和諧與妥協（不善於和稀泥）。中西的區別，我還概說，中國的文化乃是縱向文化，即以血緣崇拜為發端的講究家譜、族譜、宗法的文化。西方文化是以上帝為中心，如太陽向四周輻射的橫向文化。「五四」新文化運動帶入橫向文化以打破縱向文化，馬克思主義的階級文化則把橫向文化徹底化，講究「親不親，階級分」，完全以階級情感取代親情與世情，而橫向文化走向極端卻造成「六親不認」的偏執，現代新人不僅踐踏「孝道」，而且踐踏「人道」。這一偏執在市場經濟發展之後得到糾正。可是，中國社會的縱向文化又產生新的爆發，現在爭先恐後興祖廟、修族譜，宗法情感正大規模地腐蝕社會公共原則，「還鄉團」到處都是，對此，我又不能不說，於是，呈現在寫作中，便有所批評。

（十五）文學的真諦

我畢竟是個文學中人，呼吸的是文學空氣。雖然熱愛思想，但總是離不開文學。觀也文學，止也文學；去也文學，來也文學。因此，無論是着筆（書寫文章）還是不着筆（接受採訪的講述），都不離文學。所有的文學表述，又都離不開心靈，離不開人性。我自稱思想者，但內心總是把思想者分為兩種類型：一種是訴諸邏輯與思辨的哲學型思想者，另一種是訴諸情感與直覺的文學型思想者，我屬於後者。所以我對文學的認知，也往往作詩意的表述，即帶有意象和帶有情感的表述。例如對高行健和對莫言的評論，多數都可以作為散文閱讀。我講莫言成功的三個密碼是上帝心靈、魔鬼手法、鯨魚氣派，全都是意象。在文學思想的講述中，我常常使用「情思」（人性）這個詞彙，包括「情」與「思」，即情感與思想。兩者之中，情感無疑是文學的根本要素。但我在講述文學的三個基本要素即心靈、想像力和審美形式時，則認定心靈應是一種情理結構，它包含情感，也包含思想。大文學除了帶有大情感之外，還帶有作家對世界、對人類、對生活獨特的認知。因此，把文學的特性僅僅歸結為情感還不如歸結為情思。動物只有心臟沒有心靈。我們所講的人性也就是心靈。只是人性帶有更多的欲望，心靈則帶有更多的精神。既是人性，它就不同於只有精神沒有情欲的神性，也不同於只有情欲而沒有精神的動物性。文學只要見證和呈現人性的真實以及人類生存環境的真實即可，這是我對文學的基本要求。在《什麼是文學——文學常識二十二講》中我着重講述這一基本要求，在其他非著作的講述中也一再表述這一認識。

第十四章

最後的覺悟：無目的寫作

一九八八年，劉再復（左）與著名文藝評論家王朝聞（右）熱烈地交談。那一年，劉再復四十七歲。

回顧寫作史，方才明白，自己的寫作有個關鍵性的變化，就是從「有目的」到「無目的」的變化。所謂無目的，便是超現實功利，超現實動機，揚棄任何外在目的。這一變化是個漸變的過程，但也可以找到質變點。這個點就是一九八九年的生命裂變，從第一人生裂變為第二人生。那時剛到美國，因為孤絕無助，徬徨無地，想到應當用寫作排遣絕望，用紙筆進行自救。此時寫作的動機已不是為了功名，即不是為職稱、為地位、為餬口、為榮譽、為獎勵等世俗目的，只是為了自救，具體地說，只是為了把自己從精神危機的深淵中拔出來、跳出來。於是我寫《漂流手記》，一篇接一篇，一部接一部，抓住筆桿，就像抓住救生圈。這個時期的寫作，是為自救而寫作，只有內在需求，而無外在目的。所以當二〇〇〇年我到香港城市大學中國文化中心「客座」、上海文藝出版社高國平兄向我約稿時，我一面感謝他的友情，另一面則告訴他不必太在乎能否出版，並寫了一篇短序，題為「今昔心境」，我在此文第二段就說：

……十五六年前給上海文藝出版社發出《性格組合論》的稿子，此時則發《獨語天涯》。兩次的心境很不相同。那時急着出書，急着「問世」，今天卻一點也不急。只覺得已發表的作品和將發表的作品，都不過是留在雪地上的足跡。時間化解了白雪，也將化解雪地上的腳印。消失的命運無可逃遁。雖求比肉體更久遠的生命，但我並不相信自己留下的足跡能夠永恆。這麼想之後仍然努力寫作，是因為寫作本身就是靈魂的呼吸。每部書都像生命的船隻，不斷地負載着自己前行，也似乎都把我帶到新的地方，使我更貼近那個心靈憧憬之處，這種體驗使我難以停筆。不過，有一天，真的上岸了，到了一個該落腳的地方，這些船隻已完成它的使命，便可以放一把火燒毀，人間絕不會因此而減色。其實，出幾本書並不太重要。天地無言，最偉大、最美麗的宇宙天體並不著書立說。存在比語言更美……

急於「問世」，無非是急於成名。今天不急了，也不是因為已經有名，而是同樣感悟到偉大的存在不僅無言而且也無名。所謂宇宙，所謂天地，都是人給予命名的。除了偉大的天體存在本無名之外，好些卓越的語言創造也沒有名字，如我心目中兩部總是讀不盡說不完的「天書」——《山海經》和《易經》，就不知道作者是誰。遠古的天才作者在著寫這兩大奇書時，一定沒想到要趕緊發表，更不會想到流芳千古與萬歲萬萬歲等。海德格爾最欽佩我國哲學家老子，可是《道德經》卻完全是被迫寫出來的。海氏追問存在的意義，而老子則是存在本身。卓越的存在無須自售，無須爭名於朝和爭利於市。開啟二十世紀世界文學荒誕新傳統的卡夫卡，臨終時叮囑友人燒毀自己的手稿，大約也是想到沒有他的作品，太陽照樣升起，星星照樣發亮。倘若卡夫卡在世時想到自己的小說要進入市場光榮榜和文學史英雄譜，一定不會寫出《變形記》、《審判》、《城堡》等開創一個文學時代的作品。二十世紀八十年代中期我發出《性格組合論》時想的不是這些，心境自然也就難以平和。

我的無目的寫作，先是為自救而寫作，後又為消失而寫作。特別是到了寫作《紅樓四書》時更是如此。我發覺，林黛玉的寫作，開始還曾借寫詩而表現自己，即還有外在目的，例如賈元春省親時，她就產生過露一手的想法。到了寫作《葬花辭》則完全超越功利之思，純粹為消失（傷逝）而寫作。所以我在《紅樓夢悟》中，特別作了一條為消失而寫作的悟語，這是第一〇七則。全文如下：

寫作，有的是為了立功立德，有的是為了立言立名，有的是為了製作一把鑰匙去打開榮華富貴的大門。而最高境界的寫作，是為了消失。林黛玉的《葬花辭》，是最感人的傷逝之詩。她寫這首詩，就是為了消失，為了給生命的消失留下一聲感慨，一份見證，一種紀念。曾有一個生命如花似葉存在過，她也將如花凋殘，如葉消失，為了紀念這一存在的消失，她才寫作。消失的歌，唱過了，消失的方式，準備好了，那是簡樸乾淨的還原：「質本潔來還潔去」，沒有奢望，沒有遺囑，只留下一個曾經發生過的高潔的夢。「為了忘卻的紀念」（魯迅語）是痛，「為了消失的紀念」是更深的痛。消失不是目的，不是世俗的有，但它合更高的目的——澄明充盈的無。曹雪芹著寫《紅樓夢》也是為了消失，為那些已消失的生命留下輓歌，為將消失的生命（他自己）留下悲歌。

無目的寫作，成了我在新世紀的基本寫作態度。這種態度，不僅使我的生活得大自在，而且使我的精神價值創造贏得大自由。所以我一再說，該寫就寫，不情願寫就不寫，由衷之言痛快說，非由衷之言一句也不說。文章發表之後，評價由人。說好說壞聽了都高興。重要的不是外在的評語，而是我已發出內在真實而自由的聲音了。二〇一一年，有朋友告訴我，說《雙典批判》被傳媒大獎列入前五名，與齊邦媛、遲子建、張大春、張煒一起入圍。我聽了之後立即回應說，此書能夠出版，而且不受批判，就是大幸，怎可想到得獎？同年，上海《文匯報》系統舉辦文化大獎，請我當頒獎人。我立即答應，因為我本來就是一個文學評論者，對社會總得盡一點責任，況且，扮演這種角色並無目的可圖。這種無目的的寫作態度和立身態度，我多次作了表述。在《紅樓四書》的總序中，我特別引用了王強（我的後輩友人，曾任北京東方英語學校副校長）對我的描述之語。他說我的寫作很像《一千零一夜》裏那個薩姍王國宰相的女兒，講述只是為了自身活下去，不講述就沒有明天，除此之外別無目的。我自己還特別喜歡賈寶玉的寫詩態度，他熱心於詩社活動，也參與寫詩，但每次賽詩（李紈為評審），他都「壓尾」（最後一名），不僅輸給了釵黛，而且輸給了史湘雲、探春等。而公佈評選結果時，他總是拍手叫好，稱讚李紈評得好。他能如此快樂，完全是因為他只是為寫詩而寫詩，寫詩本身就是一切，此外別無目的，當然也不是為了爭個虛名或虛榮。這正是無目的寫作，為詩而詩、為藝術而藝術的寫作。可以說，六十歲之後，我大體上就守持這種寫作態度。我把這種態度，視為覺悟，甚至視為大徹大悟。我雖著述《我的寫作史》，但寫作並未結束。今後還會寫出什麼，尚不知道，但寫作的無目的、超功利，則一定會貫徹到底。讀者可拭目以待。

「無目的寫作」自然就超越一切功利之思、取媚之想。所謂「無欲則剛」，用於寫作，便是無所求則自有正氣、大氣、奇氣。因此，無目的寫作就自然地使我贏得獨立不倚、與一切功利性的寫作形式拉開了距離。出國之後，我給自己的散文寫作設立了許多戒律，其中最為重要也念念不忘的是十個「不寫」。（一）不寫頌歌（包括不寫帝王的頌歌、權貴的頌歌以及所謂國父國母國子的頌歌等）。（二）不寫浮詞（浮詞即虛飾浮誇之詞、文過飾非之詞、膚淺輕薄之詞等，也包括流氓話、無癲話、潑皮話等一切非由衷之詞）。（三）不寫媚語（既不媚上也不媚下，既不媚俗也不媚雅，既不媚官也不媚眾，既不媚左也不媚右，既不媚東也不媚西等一切討好語、奉承語、獻媚語）。（四）不寫謊言（包括謠言和一切非由衷之言，也包括官話、套話、大話等一切偽造性的語言）。（五）不寫妄論（包括妄言、妄議、妄說以及一切胡編胡造胡扯之論）。除了散文寫作，我還從事文學評論寫作和人文思索。不管採取哪種形式，我都拒絕迎合與俯就。一切迎合及俯就的背後都是功利目的在作祟。所以我又不寫下列五種文章，即（六）不寫溢美溢惡文章。（七）不寫應酬應景文章。（八）不寫誨淫誨盜文章。（九）不寫空頭空喊文章。（十）不寫不痛不癢文章。

為了守持評論的非功利性即無目的性，我給自己規定了文學評論者的修煉課目。這十課包括心性與能力。（一）心力、（二）眼力、（三）感覺力、（四）判斷力、（五）論說力。這五項基本上屬於評論能力。但有能力不一定能當好評論家。優秀的評論家還需要公正、公平、公道，這種看不見的態度，更需要修煉，所以還得修煉（六）無私心、（七）無偏心、（八）無畏心、（九）無執心和（十）無求心。有此心靈的支持，再加上眼力、感覺力等，就可以做好文學批評了。培養一個文學評論家往往比培養一個作家還難。但也常見眼光如豆、心地狹窄的評論者，這種論者，與其有，不如沒有。除了文學創作與文學研究之外，我還從事人文探索。這種探索同樣應以無目的為境界，即不是為了表現學問的姿態，以知識自炫，而應當只對人文真理保持崇仰與真誠。這是為真理而真理，真理本身是絕對價值。商人追求價格，學人則求價值。人文學者最要緊的正是這種只求價值（非功利）、不求價格（功利）的精神，這就是人文精神。具備這種精神，需要戒律。所以我提醒自己力戒十項：力戒世故、力戒詭辯、力戒媚俗、力戒媚上、力戒空談、力戒我執、力戒法執、力戒偏見、力戒跟風、力戒落套。

無論是世故還是偏見，也無論是媚俗媚上還是隨風轉向，背後都有一種功利之手推動着。

無目的寫作還帶給我一種精神，這是勇敢精神，我稱之為「膽」。從事人文科學，必須具備兩個主體條件，一是膽，二是識，二者缺一不可。康德的著名文章《何為啟蒙》，其核心意思是說所謂啟蒙乃是開啟人們的勇敢精神。如果寫作不為外在功利目的所牽制，自然就有膽量面對真理，面對黑暗，面對慘淡的人生，面對淋漓的鮮血，也有膽量面對威武的逼迫，權力的重壓，世俗的嘲諷，輿論的喧囂等等，因為無所求，所以就有足夠的內在力量，讓自己的筆桿自由書寫。

劉再復　於美國科羅拉多

二〇一六年一月二十五日

代跋

第三空間寫作的璀璨星空——讀劉再復先生《我的寫作史》

何靜恆

一、是寫作史也是內心傳奇

從一九九三年開始讀劉再復先生的《漂流手記》，到今天讀劉再復先生的《我的寫作史》，一如既往，我為書中的澄澈與明淨感到震撼。這種感覺來自書的內容，也來自「一格一格只是生命」的文字。

這篇跨度四十多年（劉再復先生的中文著述達一百二十四種）的寫作史，攜帶近半個世紀的風雨。狂熱、真誠、超越、紛爭，在作者的寫作自述中，始終呈現一種難以企及的大明淨，風聲雨聲也因此滲入讀者的心靈，成為「靈魂淨化的先聲」。（帕烏斯托夫斯基《金薔薇》）

《我的寫作史》不可能不說到「我」，又讓人覺得處處說我，處處無我。這種無我之境不在文字的表面，而在文字的深層，是作者的生命語境。我想到禪宗的自性，自性是真心，是清淨心。

「學術自述」常見，「我的寫作史」不常見。讀這篇「寫作史」，我總是想到「內心傳奇」，想到「最深邃、最久遠的傳奇全部蘊藏在內心之中，無所不在的美也在其中」（劉再復《面壁沉思錄》）。這「無所不在的美」，是我從文中看到的作者拒絕的勇氣，質疑、創新、自省、超越的膽識，還有作者「在黑暗的森林中又走出的一條小路」（劉再復《我所理解的俄羅斯靈魂》），在這條「小路」上，他與莎士比亞相逢，與托爾斯泰相逢，與慧能、王陽明、曹雪芹相逢，與本真自我相逢，並因此「再一次看到無遮蔽的碧藍的星際」，那正是他要追尋的「心靈宇宙」。

二、選擇成為自己

這條「林中路」是文學朝聖之旅，儘管這條路的開始被作者稱為「幼稚開端」。這個「開端」——無論是「我注魯迅」（與人合著《魯迅與自然科學》、《魯迅傳》），還是「魯迅注我」（寫作《魯迅美學思想論稿》），都是作者自己的選擇。他說：

> 我想通過對一個真正的人的學習與研究，在動盪與手足無措的歲月中，排除莫名的寂寞與彷徨。（劉再復《魯迅美學思想論稿．跋》）

> 所以我讀魯迅，從一開始就不是被迫的，而是主動的。（劉再復《我的寫作史》）

讀哲學著作，我常常陷入語言迷宮。我理解「選擇成為自己」，得益於劉再復先生的「以形象回應抽象」的闡釋。這是「文學藝術家的思想形式——化入文學藝術中的思想」，「充分審美」，又「充分哲學」。他說：「存在論的諸多問題歸結為一，便成了這麼一個問題，即自己如何成為自己的問題。這個問題也可以更簡潔地表述為『自己如何可能』六個

字。」（劉再復《〈紅樓夢〉的存在論閱讀》）

「自己如何可能」?「自我確立、自我實現如何可能」?

從《我的寫作史》中不難找到答案，《我的寫作史》本身就是一個完整的答案。從「我注魯迅」到「魯迅注我」，從「人性真實的呼喚」到「無目的寫作」，哲思無處不在，選擇無處不在。

劉再復先生說：「薩特的『存在先於本質』命題，說的正是人首先選擇成為自己，然後才能確立自己。用中國的哲學語言表述，便是首先『知命』，然後才能『立命』。」（劉再復《〈紅樓夢〉的存在論閱讀》）

我想到，「選擇成為自己」這個念頭，從兒童時代起就藏在我們的心裏（那時候我們還不知道存在論）。小時候特別盼望長大，認為長大了就可以做自己想做的事（選擇成為自己），而小孩子則必須聽話，受制於人（長大後才知道，成人世界更無自由）。盼望長大似乎忽略了對時間的珍惜。

關於「時間性珍惜」，劉再復先生解釋道：「海德格爾在《存在與時間》中講『煩』、

『畏』、『死』等大範疇，然後叩問存在的意義，李澤厚則突出『珍惜』這一大範疇。而且在『珍惜』前邊加上一個重要定語：時間。這就變成『時間性珍惜』。」（劉再復、劉劍梅《「紅樓」真俗二諦的互補結構》）

劉再復先生好像從小就懂得「時間性珍惜」。在《我的寫作史》中他寫道：「由於我從小形成『黎明即起』、從不戀床的習慣，所以至今還是一早就進入讀書寫作的狀態。長此以往，這種習慣便產生很大的力量並且產生很多『成果』。時至今日，我的中文著作已出版一百二十四種。」

珍惜時間已經成為「習慣」，這其中一半是天性，一半是後天的「選擇」使然。到八十年代，「拚命讀，拚命寫」在劉再復先生已經是常態。《我的寫作史》中常有這類描述：

> 我們覺得，通過這本書的寫作，還是抓住了一些時間，「文革」十年，全是荒誕又荒疏的歲月，能保住一點生命時間，又免於多唱革命高調，這是值得欣慰的。

一九八七年我實在太忙，顧此失彼，所以要求林崗多執筆，而我盡可能出些思想，最後，我只執筆總論和附論。商定了之後，兩個人就拚命讀，拚命寫。

在「廢寢忘食」的狀態下，《性格組合論》終於在一九八五年的夏天完成。這是生命的原動力，在文字的背後有一雙頑強地推動創造之手。尋找這種強大的力量來源，我記起劉再復先生的《論生中之死》，那是他與女兒的對話：

「我們的生命中隱藏着千萬次的死亡」，這是每個人都在經歷着的生命事實卻是少人能意識到的生命真理。我很感激莎士比亞提醒我這一真理並且在少年時代就擁有這一真理。它使我除了對「總死亡」有所領悟之外，還能自覺地、不斷地領悟生命全過程中的一次又一次的死亡。如果這種死亡可稱為日常死亡的話，那麼，可以說，我的積極的生活態度，全是來自對日常死亡的領悟。一根白髮的出現，是一次死亡；一個美好日子的虛渡，是一次死亡；一個和自己靈魂息息相關的師長、親人與朋友的逝世，我更是具體地感到自己血脈一角的死亡。如果一個夜晚，我認真地讀書寫作或努力工作，這個夜晚有所悟、有所得，我便覺得這個夜晚的生命是活着的。如果我以無聊的歎息消耗掉這個夜晚，我便會意識到我在這個夜晚的生命已經死亡。它已化為無可把握的黑暗的一部分。

多麼令人感到震撼的「日常死亡」的領悟！我有過這樣的經歷，卻從無這樣的領悟。思索「生中之死」，我久久沉默。孔子講「未知生，焉知死」，海德格爾講「未知死，焉知生」，劉再復先生講「生中之死」。

劉再復先生的「生中之死」把「時間性珍惜」推向極致。他的一百二十四種中文著作，便是「不屈不撓與這種死亡抗爭」的成果，其中蘊含了他「選擇成為自己」的全部精彩之處。

三、中道智慧

劉再復先生寫《論文學主體性》這篇文章是在一九八五年，這一年，他的職務，也就是他的「世俗角色」是文學研究所所長兼黨組書記、《文學評論》主編。

他在寫這篇文章的時候，或者說，他在思索文學本義的時候，完全忘記了他的世俗角色。

《性格組合論》出版產生的「轟動效應」，讓這位社科院的才子「爆得大名」，成為風雲人物。他這樣描述那個時代如火的熱誠：在上海舉辦的《性格組合論》新書發佈會上，「聽衆高舉我的名字（拿着我的書），而我則高舉巴金的名字，說他的《真話集》是與民族共懺悔的黎明號角。」（劉再復《歲月三歎》）

這個高舉《真話集》的人，似乎天生不被「功名」（世俗角色）左右。在《論文學主體性》中，他說：「作為現實主體，我可以守持黨性原則，而作為文學藝術主體，我則可以超越黨性原則而講人性原則與個性原則。完全可以把『世俗角色』與『本真角色』分開。」（劉再復《我的寫作史》）

「世俗」與「本真」是人生的一對悖論。《紅樓夢》甲戌本序詩開篇即問：「浮生着甚苦奔忙」？人生苦短，又身不由己。為功名，為金銀，為妻兒，陷入無盡的煩難中去，難以解脱，這不就是人的世俗角色？對「苦奔忙」的質疑，正是對「世俗角色」的超越，向

「本真角色」的回歸，這才有了「假作真時真亦假，無為有處有還無」的《紅樓夢》。

借助《紅樓夢》和禪宗來理解劉再復先生的文學理念，實在是因為他的文學理念與《紅樓夢》和禪宗有相通之處。

講述創作主體的超越性，劉再復先生是溫和的。他說：「構思完成後，我自己覺得邏輯很『嚴密』，既不反對現實世界的『黨性原則』，又可提示作家進入文學創作時應當守持個性原則。」

我看到，這種溫和與嚴密，不是儒家的「中庸」，而是佛家的「中道」。很明顯，「世俗角色」與「本真角色」，一為世間法，一為出世間法；一為俗諦，一為真諦。劉再復先生說的「邏輯很嚴密」，即真俗二諦的互補結構。他分開「世俗角色」與「本真角色」，又說「既不反對」，「又可提示」，用超越的眼睛看兩端，世俗與本真，真諦與俗諦，兩邊都有道理。他講述創作主體的超越性，文學藝術的個性、自性、人性，正是點明了作家在創作時要有佛的眼睛，菩薩心腸。這就是中道智慧。

講述創作主體的超越視角，劉再復先生有時稱為「天眼」、「佛眼」，有時稱為「宇宙極境的眼睛」、「大觀的眼睛」。無論怎樣命名，這雙「觀止」的眼睛，是中道智慧的眼睛。

中道智慧來自大乘佛教，是中國大乘八宗一致尊奉的祖師龍樹在他的《中論》中提出來的。到了禪宗六祖慧能，即以不二法門為其禪法的中心，講述佛法是不二之法，定慧不二、動靜不二、菩提與煩惱不二、衆生與佛不二、世間與出世間不二。劉再復先生説《紅樓夢》是一部無是無非無善無惡無好無壞無因無果的藝術大自在，是一種超越的存在，也是不二法門，與慧能相通。

還是回到《我的寫作史》。

《我的寫作史》第八部分，標題是「告別革命兩邊不討好」，我立即想到，這「兩邊不討好」，不就是《六祖壇經》裏的「出入即離兩邊」？

李澤厚與劉再復兩位先生合著的《告別革命》（已經出到第八版）現在就拿在我的手上，厚厚的一本。編者在封底説明：「一九九五年，由李澤厚、劉再復兩位著名學者所著《告別革命》的對話錄出版以來，立即在海內外引起很大的影響，針對此一新的問題，褒貶之議蜂起，毀之譽之的文章都有不少，有人指其為『左右兩邊都不討好』。本版為此書的第六版，除掉原文一字不改之外，特地增加了不同角度的批判與解讀，立此存照，以作參觀而已。」

這樣的出版說明恐怕是絕無僅有的。

劉再復先生說：「看到這種評論，我和李先生均哭笑不得，只好自言自語：我們本來就不想討好哪一邊。」（劉再復《我的寫作史》）

兩位先生「本來就不想討好哪一邊」的「自言自語」，就像禪的機鋒，隨機而說，得意忘言。

「告別革命」仍然是溫和的。「告別革命」的思路，是「人首先要活」的思路。在《我的寫作史》裏《歷史長河中的十五種思想顆粒》這一節中，劉再復先生重申這一思路：

當今世界上有三種哲學正在進行較量，也提供人們選擇：一是「鬥爭哲學」，即「你死我活」的哲學；二是「和諧哲學」，即「你活我亦活」的哲學；三是「死亡哲學」，即「你死我亦死」的哲學。最後這種哲學，是「與汝皆亡」的恐怖主義哲學，自殺性炸彈的哲學，我們當然不可接受。而鬥爭哲學，則曾被我們（中國人）接受過。事實證明，「你死我活」的鬥爭只能兩敗俱傷，全輸全贏的局面很少，即使贏了，也會留下許多後遺症，所以最好還是選擇「和諧哲學」，即改良、談判、妥協、商量、雙贏的哲學。也就是說，矛盾衝突，包括階級矛盾和衝突，永遠都會有，但解決的辦法最好是用「階級調和」的辦法，而不是用「階級鬥爭」和「階級革命」的辦法。

告別暴力革命，選擇「你活我亦活」的和諧哲學，正是不走極端，不偏執，「確認兩級對峙中有一中間地帶」的中道智慧。

劉再復先生講述「人物性格二重組合原理」，「文學的天性」（真實與超越），「兩種真理的兼容」（「實在性真理」與「啟迪性真理」），「開闢第三空間」（「敵」和「我」之間，「革命」與「反動」之間，「正」與「邪」之間，「紅」與「黑」之間，「極左」與「極右」之間），「紅樓真俗的二諦互補結構」等，均與中道有關。

劉再復先生文中的「中道」，不是刻意安排出來的（不是用現成的概念去「丈量」一切），而是從文學的本義出發，有一個「明心見性」的過程。也就是說，這個中道，一是他自性中本來就有，二是閱歷而悟，才能夠「道貫一切經法」。劉再復先生對功名利祿的放下，對人生本義的叩問，為「文學回歸文學本義」所做的努力，都與「中道智慧」相合相契。

四、去也文學，來也文學

《紅樓夢》第八十七回，蓼風軒觀棋，妙玉問寶玉：「你從哪裏來？」寶玉疑是妙玉的「機鋒」，一時答不出來。惜春笑道：「二哥哥，這什麼難答的，你沒的聽見人家常說的『從來處來』麼。」

讀《我的寫作史》，若是向作者提這麼一個「從何處來，到何處去」的問題，作者的回答已經很明確了，便是：「觀也文學，止也文學；去也文學，來也文學。」（劉再復《我的寫作史》）

這個「四句訣」中有一種自由狀態，這是作者的生命狀態也是文學狀態。

說說「來也文學」。

「你從何處來？」是人生哲學的叩問，到劉再復先生筆下，以文學的真諦作答。是虛，是實？是莊周夢蝶，是蝶夢莊周？無論有沒有答案，人與文學在這個「四句訣」中，已經合為一體。

最近看到劉再復先生的一篇散文《我所理解的俄羅斯靈魂》，其中有一段話，或許可以為「來也文學」做注：

我理解的俄羅斯靈魂，不是東正教的經典和教堂，而是普希金、萊蒙托夫、屠格涅夫、托爾斯泰、契訶夫、陀思妥耶夫斯基等人的名字。他們每一個人的名字都和我的祖國的最偉大的詩人屈原、杜甫、李白、蘇東坡、曹雪芹一起，總是懸掛在我生命的上空。

我的性情除了生身母親賦予之外，還有一部分是他們的作品與人格鑄造的。當我走進彼得堡，真正踏上俄羅斯的土地時，首先不是對政權的更替和歷史的滄桑感慨，而是對這片土地上的偉大心靈，充滿感激之情。那一瞬間，從少年時代積澱下來的情思和眼前的槲樹林一起在血液中翻捲着。一個中國南方的鄉村孩子來了，一個在黃河岸邊的風沙中還偷偷地讀着《戰爭與和平》的書痴來了，來到他的精神星座上，來到你們的身邊！你們能感知到嗎，長眠着托爾斯泰與陀思妥耶夫斯基的俄羅斯大街與大曠野？

文學天才與文學痴人應該是同義語（太精明的人與文學無緣）。劉再復先生天性的本真渾沌，是母親賦予的；後天的善良與「五毒不侵」，除了來自天性，還有一部分是文學（也是自己）幫助他守持的。他給予母親，給予文學的回報是投入「身心全部」去書寫的無盡的愛，是「我必須活在托爾斯泰們『我是人』的答案中」，而且「應當如此活着的整個人格與整個心靈」。（《我所理解的俄羅斯靈魂》）

《紅樓夢》中林黛玉的「質本潔來還潔去」，說的是「來處和去處」；劉再復先生「去也文學，來也文學」，說的也是「來處和去處」——寫文章時是「我注文學」，放下筆墨，是「文學注我」。「無論是着筆（書寫文章）還是不着筆（接受採訪的講述），都不離文學。所有的文學表述，又都離不開心靈，離不開人性」。（劉再復《我的寫作史》）

寫至此，我忽然領悟，何須細究「去來」！人是文學，文學是人。「觀也文學，止也文學，去也文學，來也文學」，原是一體，來處是去處，去處是來處，觀處是止處，止處是觀處。劉再復於日常「着筆」與「不着筆」之間「觀止去來」，「一切即一，一即一切」，無論是「觀止」還是「去來」，均出自作者的清淨本心，用慧能的話來理解，便是「般若無形相，智慧心即是」。

五、從唯物到唯心（禪宗）

在《我的寫作史》《最後的覺悟：無目的寫作》中，劉再復先生感慨：「回顧寫作史，方才明白，自己的寫作有個關鍵性的變化，就是從『有目的』到『無目的』的變化。所謂無目的，便是超現實功利，超現實動機，揚棄任何外在目的。這一變化是個漸變的過程，但也可以找到質變點。這個點就是一九八九年的生命裂變，從第一人生裂變為第二人生。」

這個從「有」到「無」的質變點，我覺得也可稱作丟「玉」得「心」的轉折點，玉，是物。「是心為本體，還是物為本體，是心為第一性，還是物為第一性，是心至貴，還是玉至貴？」（劉再復《紅樓夢哲學筆記》）這是《紅樓夢》的哲學問題，也是劉再復先生的哲學叩問。

劉再復先生是從走進大學的哲學課堂開始，就背誦「存在第一性、思維第二性、存在決定意識、對立統一」的一代人。他說：「我的整個青年時代泡浸在徹底的唯物主義的文化之中，與『唯心論』的禪文化、佛文化離得最遠。」（劉再復《走向人生深處》）對於「兩度人生」中的「心靈的變化和涅槃」，他有一個徹底的表述，就是「從唯物論到唯心論（禪宗）」。劉再復先生這樣概括他兩度人生的學術思考走向：「第一人生，我主要是在闡釋馬克思主義文化並力求有所突破，第二人生，我則自覺地意識到要打通中西文化的血脈。例如，思維和審美不固化於『兩極』，而尋求中間地帶，這一點中西就可相通。」（劉再復《中西「大觀」視野下的文學批評和文化批判》）

如果把「打通中西文化血脈」理解為《六祖壇經》所說的「百川衆流，卻入大海合為一體」，而這個大海，是人自身本性的般若智慧；把「思維和審美不固化於『兩極』，而尋求中間地帶」理解為中道；我想這段話是對「從唯物論到唯心論」的明確闡釋。

他的《第二人生的自救性寫作》，則是另一種闡釋。

一九八九年秋天，劉再復先生來到芝加哥大學。他說：「我本來就是一個戀土情結很重的人，一旦離開故鄉故國就屈指回程的日子。這回被拋到大洋的另一岸，連根拔了，面臨着的是無邊的時間的深淵。我怎麼也沒想到，一年前還在研究所裏指手畫腳，身心緊緊

地擁抱着大時代，今年卻被拋到異鄉異國，無依無着。」（劉再復《我的寫作史》）

「無依無着」是一種「孤絕」狀態。當時，劉再復先生「不僅有一種刻骨的孤獨感，而且還有一種透不過氣的窒息感，天天都覺得自己落入海裏，快被淹死了」。重新尋求靈魂的支撐點，他意識到，唯一的出路是自救。

自救的路，不是向外求，而是向內求；不是求他人，而是求自己。「無依無着」的狀態，反倒是作家的正常狀態。在極度的苦悶中，劉再復先生的「漂流手記」一篇又一篇，一本又一本。每一頁紙，每一篇文章都是一隻小船，把他從「快被淹死」的噩夢中救起來。自看、自審、自明、自度、自救，最後終於獲得「身心的大解放」。

什麼是家國境界？什麼是天地境界？劉再復先生的十卷《漂流手記》告訴我，沒有人生的「依」和「着」，沒有「妄念」，沒有被他人他物確定，不尋求寫作的目的，不尋求發表，甚至連回應都不尋求的寫作，才有可能超越家國境界，進入天地境界。

劉再復先生對「物」與「心」的講述是多重的。例如，他所說的「擁抱知識，穿透知識，提升知識」這個理念，如果用「向外求」與「從自性中求」來分辨「物」與「心」，就可以發現這十二個字中有一個從知識到智慧，從「物」到「心」的提升過程。穿透，是讀通，也是放下。讀通了，放下了，不向外求，反觀內心，才能超越提升。再如他第二人生的心靈走向，他借用希臘史詩的意象來描述其「反向努力」。他說：「《伊利亞特》象徵着出擊、出征；《奧德賽》象徵着回歸、復歸。人們通常認為出征難，回歸易，其實不然。回歸其實是最難的，回歸的路上充滿艱難險阻、妖魔鬼怪。」（劉再復《第二人生的心靈走向》）劉再復的第一人生，從「無知」走向「有知」，第二人生，從「有知」走向「無知」——穿越千山萬水，千經萬典，放下「物」的「繁華」，回到人之初的那一片天真天籟，這就是心靈的奧德賽之旅。

《我的寫作史》有一層「知其不可為而為之」的精神底蘊，充溢着《山海經》中那個「草樹蓁蓁密密」的原始神話世界裏的天地元氣。質疑、告別錯誤的文學理念，衝破一切教條的束縛，就像逐日的夸父、填海的精衛、補天的女媧，「跋涉一個個白天與黑夜，口銜一塊塊細小的木石，手捏一團團的泥土，不分朝夕，不捨晝夜，奮不顧身地作力量懸殊的較量」（劉再復《〈山海經〉的領悟》）。「一次真實人性的呼喚」，「二次真實人性的呼喚」，劉再復先生呼喚的是「心靈」這個文學理論之核。從唯物論到唯心論（劉再復先生以禪宗的「心性本體論」為哲學基石的文學理論體系），劉再復先生的文學理論邁出了至關重要的一步。李澤厚先生有一本書，名為《該中國哲學登場了？》，何其直截了當！借李先生這句話一用，也可以說，該中國文學理論登場了？把中國禪變為具有普世價值的世界禪（全人類的共同精神財富），劉再復先生的文學理論做出了無法估量的重大貢獻。

六、完整的類（近似）宗教的心學體系

讀《我的寫作史》，我看到了一個完整的、類宗教的心學體系。想描述它並不容易。雖為「心學體系」，作者提供的是「雙重文本」，行為語言文本和書寫語言文本。他的兩度人生的行為語言，闡釋了他對「文學自性」的追尋；他的「只寫心中所想」的書寫語言，又闡釋了他的行為語言，他的真心本性。

在《六祖壇經》中，「心性論」是慧能禪宗思想的核心，「一切萬法不離自性」，「識自本心，見自本性」。到明代王陽明，他的「心學四訣」：「無善無噁心之體，有善有惡意之

動。知善知惡是良知，為善去惡是格物」，就是以慧能的「心性論」去構築他的「至良知」學說。曹雪芹在《紅樓夢》中塑造了兩個「玉」人，賈寶玉和林黛玉。曹雪芹喻黛玉為「靈竅」，就是心靈。賈寶玉離家出走之前說：「我已經有了心，要那玉何用！」更是「心」的徹悟。寶玉、黛玉這兩個文學形象都是心靈的載體。

劉再復先生認為，「中國的大心學應是三家，即慧能、王陽明、曹雪芹，不僅陽明一家」。他稱「唐代慧能（《六祖壇經》）以宗教形式出現的自性心學」、「明代王陽明（《傳習錄》）以哲學方式呈現的良知心學」、「清代曹雪芹以文學形式展示的詩意心學」為中國大文化史上三次「心學」高潮。（劉再復《賈寶玉論》）

劉再復先生以他的一百二十四種書與兩度人生建構的完整的類宗教的心學體系，是中國大文化史上又一座心學高峰。他呼喚文學的自性，作家的自性，認定「文學是心靈的事業」。在他的五個維度（文學研究、經典闡釋、人文探索、思想講述、散文寫作）的寫作中，哲學思考、文學理論、生命體驗、立身態度、詩意情感密不可分，均不離人性，不離心靈。

六祖慧能的禪宗把宗教變為審美，劉再復先生在生命中打通了文學的自性、作家的自性與禪的本質聯繫。

把向外求變為向內求，「菩提只向心覓」，慧能在《六祖壇經》裏說「皈依覺」、「皈依正」、「皈依淨」，不說「皈依佛」、「皈依法」、「皈依僧」。與慧能相通，劉再復先生把他在《魯迅美學思想論稿》中提出的「藝術批評的真善美標準」內轉為「文學的心靈、想像力、審美形式三要素」，徹底回歸文學的自性、文學的本義。這是文學的「自性三寶」。

他說：「什麼是真？什麼是假？什麼是善？什麼是惡？文學要向真向善，又不可設置道德法庭，怎麼辨？這才是真問題。文學只可設置審美法庭，不可設置政治、道德法庭，作家批評家不可當『包公』，他們既悲憫秦香蓮，也悲憫陳世美。他們不說『麥克白』等是『壞人』，只說是『悲劇人物』。講這些，才可抓住文學之核。所以關於真善美，還大可講得豐富一些。」

劉再復先生在這段話中提到的「文學之核」，就是作家批評家大悲憫的心靈。

這個大悲憫的心靈，是《六祖壇經》所說的「非常非無常」、「非善非不善」的不二佛性，是慧能「心性論」起點，也是劉再復先生「心靈為文學的第一要素」的立足點。

劉再復先生的心學體系由三部分組成：一是文學理論、文學批評、文化批判，二是散文詩和十卷《漂流手記》，三是從唯物論到唯心論的「兩度人生」。在這三部分內容中，禪宗的「佛性不二」貫穿始終。

我想說說與慧能的禪法（「一切萬法，不離自性」，禪法是無法之法）思想相通的幾點感悟：

（一）說說佛性

劉再復先生是個有佛性的人。八十年代，虞愚老先生為他「講道」，「道核」他一直銘記於心，除了「三個放下」，還有特別要記住的六個字就是「不將迎，不內外」。劉再復先生對這六個字的解釋是：「將」是過去，「迎」是未來。不將不迎，便是不執着於過去也不執着於未來，努力活在當下；「不內外」，則是不分內外，不分等級，僅存一顆「無分別」之心。無分別，深信人格平等與心靈平等的真諦，才有大慈悲。佛的慈無量心，悲

無量心，均來自「不內外」的「無分別」心。（劉再復《放下、放下、放下》）

「不內外」的無分別心是佛性。

劉再復先生把「自審」列為「佛性的第一特徵」。他說：「佛有喜相，也有憂相，但沒有我之執相，人之妄相，衆生之俗相，壽者之老相，凡遇矛盾衝突，不把責任推向對方，總是在自己身上找原因。自審正是佛性的第一特徵。」（《紅樓夢》閱讀悟語）

劉再復與林崗兩位先生在《罪與文學》中提出的「共犯結構」、「懺悔意識」，正是源於「自審」這個佛性的第一特徵。他認為「要真正從『思想深度』上提升我國當代文學的水平，必須從『審判自己』開始。作家也只有首先『審判自己』才有資格『審判時代』」。（劉再復《我的寫作史》）

能夠反觀自己，不僅觀世界，而且觀自在，是佛性。

劉再復先生認為，「每個人的心性中，都有佛性的基因。我們要去開掘這自性，我們的使命不是到山林中、寺廟中去找菩薩，而是打開自身的廟門，開掘、發現和培育這些佛性種子。」

這句話有兩層意思，一是佛性無差別，人人皆有佛性；二是開掘自性，不是「神拜」，而是「心覺」。

在《共悟紅樓》中他說：「妙玉的清高不是禪的清高。真的禪，應有平常之心，不會刻意端架子，不會那麼巴結賈母，又那麼瞧不起劉姥姥。她把劉姥姥用過的杯子視為髒物，這就暴露出她的差別心太大，離不二法門太遠。近乎勢利。」

平常心是佛性。

「兼容並包」、「無算計思維」這些真性情，劉再復先生也稱之為佛性。

說到底，佛性就是一顆大慈悲的心靈。

（二）說說心與物

心與物的關係，是「心學」的核心問題。

《六祖壇經》中慧能說：「不是風動，不是幡動，仁者心動。」《傳習錄》中王陽明說：「爾未看此花時，此花與爾心同歸於寂。爾來看此花時，則此花顏色，一時明白起來。便知此花，不在爾心外。」

初讀，只覺得神秘。真正明白慧能說的是心動決定物動，王陽明說的是心外無物，來自劉再復先生對「心學」的定義：

明代思想家王陽明創造了「心學」，把「心」強調到絕對的程度，所謂「心學」，也就是「心本體」之學，它說明的是心為萬物之源，萬物之本，不僅「心外無物」，而且「心外無天」。心不僅包容一切，而且決定一切。在王陽明之前，中國的禪宗，宣揚的其實也是心性本體論，慧能「不是風動幡動而是心動」的著名判斷，就是「心外無物」的判斷，心動決定物動的判斷。（《什麼是文學——文學常識二十二講》）

劉再復先生的《紅樓夢》閱讀悟語，更是直指人心：

玉是至貴之物，但畢竟是物。《紅樓夢》的大哲學問題之一是心與物的關係。是心為本體，還是物為本體，是心為第一性，還是物為第一性，是心至貴，還是玉至貴？關於這個問題，寶玉最後作了回答：「有了心了，要那玉何用？」一點也不含糊。佳人們以為他在說瘋話，其實，這是最清醒的人所表達的最清明的意識：天地萬有，具有最高價值的是人不是物，是身內之心不是身外之玉。賈寶玉經歷了一回人生，體驗了悲歡離合，一悟再悟，最後終於贏得心覺：有了心了。到地球上來一回，有了心，算是明白人，便不虛此行。

賈寶玉一悟再悟的心覺，也是劉再復先生一悟再悟的心覺。他進一步解釋道：

王陽明講「心」。心是什麼？就是心靈狀態決定一切，佛就在我心中，世界就在我心中，心外無物，心外無天，把自己的心修好了，就什麼都好了。（劉再復《中西「大觀」視野下的文學批評和文化批判》）

「把自己的心修好了，就什麼都好了」，是「心」與「物」的大徹大悟。

（三）說說覺與迷

《六祖壇經》裏有個九江驛渡口：

祖相送直至九江驛。祖令上船，五祖把櫓自搖。慧能言：「請和尚坐，弟子合搖櫓。」祖云：「合是吾度汝。」慧能曰：「迷時師度，悟了自度。度名雖一，用處不同。」

「迷時師度，悟了自度」。迷時需要被喚醒，醒了之後，就要自明、自覺、自度。

劉再復先生的「閱讀悟語」是「心覺」，來源於禪宗的悟。在「覺與迷的分野」這則悟語中，他提到《紅樓夢》結尾處有一個與五祖送六祖的「九江驛」類似的渡口——「急流津覺迷渡口」：

《紅樓夢》整體（一百二十回）最後結束於一個哲學地點，叫做「急流津覺迷渡口」。這一渡口名稱不可忽略，尤其是「覺」與「迷」二字。佛教乃是無神論，它以覺代替神，所以慧能認定，悟（覺）則佛，迷則衆。小說結局，其人物或覺或迷，或佛或衆，就在

「覺迷渡口」上分野。賈寶玉始於痴，止於覺，終於「走求名利無雙地，打出樊籠第一關」（第一百一十九回），大徹大悟而解脫了。而另一個本來也有穎悟之性的賈雨村卻覺不過來。第一次是甄士隱來開導他，但「雨村心中恍恍惚惚，就在這急流津覺迷渡門草庵中睡着了」。第二次是空空道人將抄錄的《石頭記》給他看，「復又使勁拉他」，他才慢慢的開眼坐起，接過來草草一看，作了交代，「說畢，仍舊睡下了」（第一百二十回）。一個醒悟了，一個睡着了。《紅樓夢》這一終結，是禪的啟示性終結，極為成功的總句號。小說的續書，有妙筆、有敗筆，而最後這一筆則可稱為神來之筆。

「一個醒悟了，一個睡着了」。劉再復先生在這則悟語中點明，「或覺或迷，或佛或衆」，別人是幫不上忙的，全仰仗自己的覺悟，「悟了自度」。

（四）說說放下概念

「放下概念」是劉再復先生對慧能「不立文字」的解釋，他說：「禪宗有一種說法就是不立文字，明心見性。有人說不用文字怎麼可以呢，你總要寫字的啊，其實是說，不要

有概念的障礙，我們在面對真理的時候，首先不要想到概念。」（劉再復《李澤厚哲學體系的門外描述》）

慧能的「不立文字」，是不執着於文字，強調「心悟」。他對法達和尚說的偈語「心迷法華轉，心悟轉法華」，說的就是誦經應該是心轉經文，而不是被經文所轉，不要執着於文字相。放下執着，才能直契心性。

劉再復先生追求學問與生命的連結，這一人生走向與慧能的理念有驚人的相似之處。是「心迷法華轉」，還是「心悟轉法華」？我找出兩條劉再復先生的讀書、寫作感悟，似乎可以解經：

一為學與悟。

學不一定就能悟。學常常會愈學愈迷，如魚被困在筌中，迷在籠中。知識可能有益於悟，也可能產生障礙。有概念障、知識障，就堵塞了通道，讓你落入迷津。所以學之後還得穿越「學」，從「筌」中跳出。我們下工夫學了之後，關鍵就在於學之後是走向迷，還是走向悟了。（劉再復《共悟紅樓》）

二為穿透提升。

我讀每一本書，大約都是三步曲：一，擁抱書本；二，穿透書本；三，提升書本。對待知識也如此：擁抱知識；穿透知識；提升知識。經典就不能提升嗎？也可以，就是對經典的局部提出問題和審美再創造。（劉再復《走向人生深處》）

這兩條，說的正是慧能不執着於文字，「心悟轉法華」的要旨。

（五）說說戒律與修煉課目

《我的寫作史》裏《最後的覺悟：無目的寫作》一節中，劉再復先生列出了他的寫作戒律與修煉課目，我節錄如下：

……出國之後，我給自己的散文寫作設立了許多戒律，其中最為重要也念念不忘的是十個「不寫」。（一）不寫頌歌。（二）不寫浮詞。（三）不寫媚語。（四）不寫謊言。（五）

不寫妄論……（六）不寫溢美溢惡文章。（七）不寫應酬應景文章。（八）不寫誨淫誨盜文章。（九）不寫空頭空喊文章。（十）不寫不痛不癢文章。

為了守持評論的非功利性即無目的性，我給自己規定了文學評論者的修煉課目。這十課包括心性與能力。（一）心力、（二）眼力、（三）感覺力、（四）判斷力、（五）論說力。這五項基本上屬於評論能力。但有能力不一定能當好評論家。優秀的評論家還需要公正、公平、公道，這種看不見的態度，更需要修煉，所以還得修煉（六）無私心、（七）無偏心、（八）無畏心、（九）無執心和（十）無求心……我提醒自己力戒十項：（一）力戒世故、（二）力戒詭辯、（三）力戒媚俗、（四）力戒媚上、（五）力戒空談、（六）力戒我執、（七）力戒法執、（八）力戒偏見、（九）力戒跟風、（十）力戒落套。

這十個不寫，十項戒律，十個修煉課目，是劉再復先生為自己設立的戒律和修煉課目，與慧能「一切萬法從自性起用」，從心地、自性講起的戒定慧相通，是自性戒、自性定、自性慧。離一切相，破一切執，強調「無私心、無偏心、無畏心、無執心和無求心」（這就是慧能所說的直心，無諂曲、無分別、無妄想、無執着的清淨心）的修煉，每一條，每一項，都在提醒自己（也提醒人們），文學是超功利的事業，文學必須從一切他性中解脱出來，才有自由。

（六）說說只禪不宗，只禪不佛

劉再復先生説他出國後「皈依」禪宗，而且「只禪不宗，只禪不佛」。我認為「只禪不宗，只禪不佛」，說的是與慧能的「本來無一物」相通的文學的自性，也是劉再復先生的生命狀態。

在這裏，「宗」為宗派；「佛」為「相」，為偶像崇拜。這個解釋，來自劉再復先生的一段論述：

> 相是色的外殼，又是色所外化的角色。去掉相的執着和色的迷戀，才呈現出「空」，才有精神的充盈。《金剛經》中所講的我相、人相、眾生相、壽者相等，都是對身體的迷戀和對物質（欲望）的執着。中國的禪宗，其徹底性在於他不僅放下我相、人相、眾生

相、壽者相，而且連佛相也放下，認定佛就在心中，真正的信仰不是偶像崇拜，而是內心對心靈原則的無限崇仰。（劉再復《紅樓夢哲學論綱》）

理解「只禪不宗，只禪不佛」，我注意到禪給予劉再復先生的四點啟迪：（一）人生的要義在於自救。（二）覺悟之後不以佛自居，仍以平常人自處以及和他人相處。（三）破一切執，解一切「役」。（四）明白心靈狀態決定一切。（劉再復《走向人生深處》）

這是禪法理念，也是文學理念。

文學狀態不是「物」的狀態而是心靈狀態。劉再復先生說：「在一般的歷史場合中，作家的主體狀態反而是『寂寞』、『孤獨』的狀態才是常態。」不到外部世界去尋找救主，只從自己的內在心性中去尋找力量，自審、自明、自度、自救。「覺悟到自由，才有自由。覺悟到文學狀態，才有文學狀態」。（劉再復《什麼是文學——文學常識二十二講》）

文學狀態是「於相離相」的般若心（「心靈狀態決定一切」）。放下「相」的執着、「色」的迷戀，「破一切執，解一切『役』」，覺悟之後，成「佛」之後，連「佛」相都放下，不做被供奉、被膜拜的偶像，同時打破用權力、財富、功名構築的自我的偶像，仍然是一個平常人，保持一顆平常心。

人很難在得到權力、財富、功名之後，仍然做平常人，保持平常心。「我執」難除，「心中賊」（王陽明「破心中賊難」）難破。鑑於此，劉再復先生說：「打破『我執』不是一次性的完成，而是一輩子的覺悟過程。」這個覺悟過程是不斷放下的過程。「只禪不宗，只禪不佛」，是對生命本真本然的承諾和守持。

劉再復先生「信仰文學」。這個信仰，是「內心對心靈原則的無限崇仰」。慧能的「一念悟時，衆生是佛」，拉近了「神性與人性」的距離，把印度禪變為中國禪。劉再復先生「只禪不宗，只禪不佛」，拉近了禪與文學的自性、作家的自性的距離，把中國禪變為「全人類的思想」。這是中國文學理論的一次根本變革。

七、第三空間寫作的璀璨星空

什麼是第三空間？老子的《道德經》講「道生一，一生二，二生三，三生萬物」，這個三，就是第三空間。它奧妙無窮，是萬物得以生存繁衍的空間。接下來的一句，「萬物負陰而抱陽，沖氣以為和」，是對前一句的補充。意思是天地萬物，均包涵陰陽二氣，沖氣為三，是一種調和的力量，生生不息的關鍵所在。

《紅樓夢》第二回，也有關於因正邪二氣激蕩而生的第三種人的論述。賈雨村論及天地生人，除大仁大惡之外，還有一種人，「置之千萬人中，其聰俊靈秀之氣，則在千萬人之上；其乖僻邪謬不近人情之態，又在千萬人之下」。歷朝歷代，如許由、陶潛、阮籍、嵇康、劉伶、王謝二族、顧虎頭、陳後主、唐明皇、宋徽宗、劉庭芝、溫飛卿、米南宮、石曼卿、柳耆卿、秦少游、倪雲林、唐伯虎、祝枝山、李龜年、黃幡綽、敬新磨、卓文君、紅拂、薛濤、崔鶯、朝雲等人，都是秉正邪二氣所生的第三種人。

因第三種人而生的第三空間（或因第三空間而生的第三種人），在陶淵明為回歸園田、桃花源，在《紅樓夢》中有大觀園，是詩情畫意得以生存發展的空間。劉再復先生所說的第三空間，「是在『敵』和『我』之間，『革命』與『反動』之間，『正』與『邪』之間，『紅』與『黑』之間，『極左』與『極右』之間。這個『之間』乃是非常廣闊的地帶」。（劉再

復《我的寫作史》）

回歸第三空間，在文學理論中，劉再復先生「揚棄了好人與壞人、善人與惡人之分的政治判斷與道德判斷，只承認審美判斷」。在行為實踐中，他「復歸於樸，復歸於嬰兒」，做「潮流外人」、「檻外人」，在美國的洛磯山下，他「重構象牙之塔」，立身於文學創作的第三空間。

在「象牙之塔」中「面壁沉思」是孤獨的，有陶淵明、慧能、王陽明、曹雪芹作伴，有莎士比亞、歌德、托爾斯泰、陀思妥耶夫斯基作伴，有賈寶玉、林黛玉、晴雯、鴛鴦作伴，第三空間寫作並不孤單。

讀《我的寫作史》，我以慧能的《六祖壇經》去理解劉再復先生，又以劉再復先生的文章去理解慧能，是為「雙解」。若有感悟，歡欣不已。最終的領悟還是對「物拜」與「心覺」的領悟，對劉再復先生用赤子之心去行中道的領悟，對劉再復先生的「轉化性創造」——以禪宗的「自性本體論」和「不二方法論」為哲學基石建構的文學理論體系與心學體系的領悟。雖然我無法把我感受到的這個「心性本體」直通宇宙，直通「第一義」的宏大心學體系的全部奧妙描述出來。

我分明看到了第三空間寫作的璀璨星空。

二〇一六年十月十四日

於新西蘭

何靜恆，安徽六安人。一九八二年畢業於安徽大學中文系，一九九三年斯德哥爾摩大學訪問學者。曾任大學教師、地方志編輯，現為旅居新西蘭華裔作家。著有《月亮神》、《童話王國裏的中國小留學生》、《績學堂詩文抄》（古籍整理）、《方志研究與評論》（與歐陽發合著）等書。

附錄

劉再復著述一覽（不包括外文版）

葉鴻基　整理

《魯迅與自然科學》（與金秋鵬、汪子春合著），北京科學出版社，一九七六年。

《橫眉集》（與楊志傑合著），天津人民出版社，一九七八年。

《雨絲集》，上海文藝出版社，一九七九年。

《魯迅與自然科學》（與金秋鵬、汪子春合著），台北爾雅出版社，一九八〇年。

《魯迅美學思想論稿》，北京中國社會科學出版社，一九八一年。

《魯迅傳》（與林非合著），北京中國社會科學出版社，一九八一年。

《深海的追尋》，湖南人民出版社，一九八三年。

《告別》，福建人民出版社，一九八三年。

《太陽．土地．人》，天津百花文藝出版社，一九八四年。
《潔白的燈心草》，香港天地圖書有限公司，一九八五年。
《性格組合論》，上海文藝出版社，一九八六年。
《文學的反思》，北京人民文學出版社，一九八六年。
《劉再復論文集》，香港天地圖書有限公司，一九八六年。
《性格組合論》，台北新地出版社，一九八八年。
《傳統與中國人》（與林崗合著），北京三聯書店，一九八八年。
《傳統與中國人》（與林崗合著），台北人間出版社，一九八八年。
《論中國文化對人的設計》（與林崗合著），湖南人民出版社，一九八八年。
《深海的追尋》，台北新地出版社，一九八八年。
《太陽．土地．人》，台北新地出版社。一九八八年。
《人間．慈母．愛》，北京人民文學出版社，一九八八年。
《尋找的悲歌》，香港天地圖書有限公司，一九八八年。
《劉再復集》，黑龍江教育出版社，一九八八年。
《劉再復散文詩合集》，北京華夏出版社，一九八八年。
《傳統與中國人》（與林崗合著），香港三聯書店，一九八九年。
《生命精神與文學道路》（陳曉林編），台北風雲時代出版公司，一九八九年。
《尋找與呼喚》（陳曉林編），台北風雲時代出版公司，一九八九年。

《文學的反思》，台北明鏡出版社，一九九〇年。

《魯迅美學思想論稿》，台北明鏡出版社，一九九〇年。

《人論二十五種》，香港牛津大學出版社，一九九二年。

《漂流手記》（《漂流手記》第一卷），香港天地圖書有限公司，一九九三年。

《放逐諸神》，香港天地圖書有限公司，一九九四年。

《遠游歲月》（《漂流手記》第二卷），香港天地圖書有限公司，一九九四年。

《放逐諸神》，台北風雲時代出版公司，一九九五年。

《告別革命》（與李澤厚合著），香港天地圖書有限公司，一九九五年。

《漂流手記》（《漂流手記》第一卷），台北風雲時代出版公司，一九九五年。

《西尋故鄉》（《漂流手記》第三卷），香港天地圖書有限公司，一九九七年。

《論中國文學》，北京作家出版社，一九九八年。

《性格組合論》，安徽文藝出版社，一九九九年。

《傳統與中國人》（與林崗合著），安徽文藝出版社，一九九九年。

《告別革命》（與李澤厚合著），台北麥田出版社，一九九九年。

《獨語天涯》（《漂流手記》第四卷），香港天地圖書有限公司，一九九九年。

《讀滄海》，安徽文藝出版社，一九九九年。

《劉再復——二〇〇〇年文庫》，香港明報出版社，一九九九年。

《漫步高原》（《漂流手記》第五卷），香港天地圖書有限公司，二〇〇〇年。

《共悟人間》（《漂流手記》第六卷，與劉劍梅合著），香港天地圖書有限公司，二〇〇〇年。

《論高行健狀態》，香港明報出版社，二〇〇〇年。

《獨語天涯》（《漂流手記》第四卷），上海文藝出版社，二〇〇一年。

《共悟人間》（《漂流手記》第六卷，與劉劍梅合著），上海文藝出版社，二〇〇一年。

《罪與文學》（與林崗合著），香港牛津大學出版社，二〇〇二年。

《傳統與中國人》（與林崗合著），香港牛津大學出版社，二〇〇二年。

《書園思緒》（楊春時編），香港天地圖書有限公司，二〇〇二年。

《閱讀美國》（《漂流手記》第七卷），香港明報出版社，二〇〇二年。

《劉再復精選集》，台北九歌出版社，二〇〇二年。

《我對命運這樣説》（舒非編），香港三聯書店，二〇〇三年。

《高行健論》，台北聯經出版公司，二〇〇四年。

《現代文學諸子論》，香港牛津大學出版社，二〇〇四年。

《告別革命》（與李澤厚合著），香港天地圖書有限公司，二〇〇四年。

《滄桑百感》（《漂流手記》第八卷），香港天地圖書有限公司，二〇〇四年。

《共悟人間》（《漂流手記》第六卷，與劉劍梅合著），台北九歌出版社，二〇〇四年。

《面壁沉思錄》（《漂流手記》第九卷），香港天地圖書有限公司，二〇〇四年。

《紅樓夢悟》，香港三聯書店，二〇〇六年。

《紅樓夢悟》，北京三聯書店，二〇〇六年。

《思想者十八題》，香港明報出版社，二〇〇七年。
《紅樓夢悟（增訂版）》，香港三聯書店，二〇〇八年。
《共悟紅樓》（與劉劍梅合著），香港三聯書店，二〇〇八年。
《性格組合論》，北京人民大學出版社，二〇〇九年。
《紅樓夢悟（增訂版）》，北京三聯書店，二〇〇九年。
《共悟紅樓》（與劉劍梅合著），北京三聯書店，二〇〇九年。
《紅樓人三十種解讀》，北京三聯書店，二〇〇九年。
《紅樓人三十種解讀》，香港三聯書店，二〇〇九年。
《紅樓哲學筆記》，北京三聯書店，二〇〇九年。
《紅樓哲學筆記》，香港三聯書店，二〇〇九年。
《李澤厚美學概論》，北京三聯書店，二〇〇九年。
《共鑑五四》，香港三聯書店，二〇〇九年。
《閱讀美國》（《漂流手記》第七卷），福建教育出版社，二〇〇九年。
《讀滄海》，福建教育出版社，二〇〇九年。
《遠遊歲月——劉再復海外散文選》，廣州花城出版社，二〇〇九年。
《漂泊傳——劉再復海外散文選》，新加坡青年書局、香港明報月刊出版社聯合出版，二〇〇九年。
《文學的反思》，福建教育出版社，二〇一〇年。
《傳統與中國人》（與林崗合著），北京中信出版社，二〇一〇年。

《雙典批判》，北京三聯書店，二〇一〇年。
《魯迅傳》（與林非合著），福建教育出版社，二〇一〇年。
《思想者十八題》（劉劍梅編），北京中信出版社，二〇一〇年。
《共鑑五四》，福建教育出版社，二〇一〇年。
《人論二十五種》，北京中信出版社，二〇一〇年。
《劉再復文論精選（上）》，台北新地出版社，二〇一〇年。
《劉再復文論精選（下）》，台北新地出版社，二〇一〇年。
《人文十三步》（林崗編），北京中信出版社，二〇一〇年。
《走向人生深處》（吳小攀訪談錄），北京中信出版社，二〇一〇年。
《魯迅論》（劉劍梅編），北京中信出版社，二〇一〇年。
《師友紀事》（《劉再復散文精編》第一卷，白燁、葉鴻基編），北京三聯書店，二〇一〇年。
《人性諸相》（《劉再復散文精編》第二卷，白燁、葉鴻基編），北京三聯書店，二〇一〇年。
《大觀心得》（《漂流手記》第十卷），香港天地圖書有限公司，二〇一〇年。
《罪與文學》（與林崗合著），北京中信出版社，二〇一一年。
《文學十八題》（沈志佳編），北京中信出版社，二〇一一年。
《感悟中國，感悟我的人間：劉再復對話集》，北京人民日報出版社，二〇一一年。
《回歸古典，回歸我的六經：劉再復講演集》，北京人民日報出版社，二〇一一年。
《高行健引論》，香港大山出版社，二〇一一年。

《教育論語》，福建教育出版社，二〇一二年。
《讀海文存》，遼寧人民出版社，二〇一二年。
《歲月幾縷絲》，深圳海天出版社，二〇一二年。
《世界遊思》（《劉再復散文精編》第三卷，白燁、葉鴻基編），北京三聯書店，二〇一二年。
《檻外評說》（《劉再復散文精編》第四卷，白燁、葉鴻基編），北京三聯書店，二〇一二年。
《漂泊心緒》（《劉再復散文精編》第五卷，白燁、葉鴻基編），北京三聯書店，二〇一二年。
《隨心集》，北京三聯書店，二〇一二年。
《八方序跋》（《劉再復散文精編》第六卷，白燁、葉鴻基編），北京三聯書店，二〇一三年。
《兩地書寫》（《劉再復散文精編》第七卷，白燁、葉鴻基編），北京三聯書店，二〇一三年。
《天涯悟語》（《劉再復散文精編》第八卷，白燁、葉鴻基編），北京三聯書店，二〇一三年。
《莫言了不起》，香港中和出版有限公司，二〇一三年。
《莫言了不起》，北京東方出版社，二〇一三年。
《散文詩華》（《劉再復散文精編》第九卷，白燁、葉鴻基編），北京三聯書店，二〇一三年。
《審美筆記》（《劉再復散文精編》第十卷，白燁、葉鴻基編），北京三聯書店，二〇一三年。
《又讀滄海》，廣東旅遊出版社，二〇一三年。
《深海的追尋》，廣東旅遊出版社，二〇一三年。
《太陽·土地·人》，廣東旅遊出版社，二〇一三年。
《人間·慈母·愛》，廣東旅遊出版社，二〇一三年。

《尋找的悲歌》，廣東旅遊出版社，二〇一三年。
《賈寶玉論》，北京三聯書店，二〇一四年。
《童心百說》，桂林灕江出版社，二〇一四年。
《天岸書寫》，廈門大學出版社，二〇一四年。
《四海行吟》，香港中華書局，二〇一四年。
《什麼是文學——文學常識二十二講》，香港三聯書店，二〇一五年。
《吾師與吾友》，香港三聯書店，二〇一五年。
《文學常識二十二講》，北京東方出版社，二〇一六年。
《兩度人生——劉再復自述》，河南文藝出版社，二〇一六年。
《再論高行健》，台北聯經出版公司，二〇一六年。

葉鴻基，福建泉州黎明大學退休教授。

二〇一六年，劉再復在香港科技大學高等研究院。（李佩樺攝）

責任編輯　張艷玲
書籍設計　吳冠曼

書名　我的寫作史（劉再復自傳之一）
著者　劉再復
出版　三聯書店（香港）有限公司
香港北角英皇道四九九號北角工業大廈二十樓
Joint Publishing (H.K.) Co., Ltd.
20/F., North Point Industrial Building,
499 King's Road, North Point, Hong Kong
香港發行　香港聯合書刊物流有限公司
香港新界大埔汀麗路三十六號三字樓
印刷　美雅印刷製本有限公司
香港九龍觀塘榮業街六號四樓A室
版次　二〇一七年四月香港第一版第一次印刷
規格　三十二開（130 × 185 mm）二九六面
國際書號　ISBN 978-962-04-4104-2